U0526524

学习天性
Limitless Mind

[英] 乔·博勒 (Jo Boaler) 著
黄邦福 译

中国友谊出版公司

图书在版编目（CIP）数据

学习天性 /（英）乔·博勒著；黄邦福译 . -- 北京：中国友谊出版公司，2022.2

书名原文：Limitless Mind

ISBN 978-7-5057-5390-7

Ⅰ . ①学… Ⅱ . ①乔… ②黄… Ⅲ . ①学习能力 Ⅳ . ① G442

中国版本图书馆 CIP 数据核字（2022）第 016409 号

著作权合同登记号　图字：01-2022-0130

Limitless Mind by Jo Boaler
Copyright © 2019 by Jo Boaler
Published by arrangement with HarperOne, an imprint of HarperCollins Publishers, through Bardon-Chinese Media Agency.
Simplified Chinese Translation copyright © 2022
by Beijing Xiron Culture Group Co., Ltd.
All Rights Reserved.

书名	学习天性
作者	［英］乔·博勒
译者	黄邦福
出版	中国友谊出版公司
发行	中国友谊出版公司
经销	新华书店
印刷	北京世纪恒宇印刷有限公司
规格	880×1230 毫米　32 开　8 印张　156 千字
版次	2022 年 4 月第 1 版
印次	2022 年 4 月第 1 次印刷
书号	ISBN 978-7-5057-5390-7
定价	55.00 元
地址	北京市朝阳区西坝河南里 17 号楼
邮编	100028
电话	（010）64678009

如发现图书质量问题，可联系调换。质量投诉电话：010-82069336

谨以此书献给我所有的访谈对象,

感谢你们敞开心扉,

与我分享你们的经历。没有你们,

本书是不可能问世的。

本书也献给我两个与众不同的女儿——杰美和阿里亚娜,

感谢你们做独特的自己。

序言

六把学习钥匙

那是一个阳光明媚的日子,我走在去参加报告会的路上,阳光照耀着圣迭戈博物馆的石柱。我停下脚步,欣赏洒在石柱上的阳光。我沿着博物馆的台阶拾级而上,准备去和满屋子的医学专业人士分享我最新的研究结果。我感到一阵紧张。平常,我的演讲对象都是教师和家长,但这次的听众不同,不知他们会对我的最新发现有何反应。我的那些观点会让他们觉得索然无味吗?

我多虑了。这些医学专业人士的反应,与平常听我演讲的教师和家长的反应完全相同。大多数听众都很吃惊,有些人还感到震惊。所有听众都能找到我所说的观点与其工作和生活之间的重要联系,有几位听众甚至开始重新审视自己。演讲结束后,萨拉——一位专业治疗师——冲到我面前,告诉我,多年前,她放弃了数学,就因为她发现数学变得很难,她觉得自己不是学数学的那块料儿。因为错误而有害的观念,她选择了退缩。和大多数人一样,她也认为有些东西,我们是学不会的。

然而,如果情况刚好相反,我们每个人都能学会任何东西呢?如果我们改变专长、发展新方向、生成新身份的可能性是无限且持续终生的,那会怎么样?如果我们每天醒来大脑都有变化,那会怎么样?本书将与你分享证据:**我们的大脑以及我们的人生具有很强的适应性,接纳这一观点,改变看待学习和人生的方式,我们就会取得令人难以置信的成就。**

每天,我几乎都会碰到有人相信那些有害的自我观念和学习观念,他们的年龄、性别、职业和社会阶层各不相同。通常,他们会告诉我,他们以前很喜欢数学、艺术、英语或别的学科,但学习变得困难后,他们就认定自己没有那样的脑子,于是选择放弃。放弃数学,就会放弃与数学相关的学科,如科学、医学和技术。同样,认为自己当不了作家的人就会放弃所有人文学科,认定自己没有艺术细胞的人就会放弃绘画、雕塑以及其他的艺术领域。

每年,有数百万儿童第一次踏入学校的大门,他们对自己将要学习的一切都感到兴奋,但得知自己不如别人"聪明"时,他们很快就会大失所望。成年人如果认定自己的能力不行或者不如别人"聪明",就会放弃追求自己曾经的梦想。很多公司的员工一走进会议室,就开始担心自己被人发现或暴露自己的"无知"。这些有害的、自我设限的观念都来自我们的内心,但触发这些观念的,往往是其他人和教育机构传达的错误信息。我碰到太多的儿童和成年人，他们的人生被错误的观念所限制。于是，我决定写一本书，破解那些每天让人们畏缩不前的有害"神话"，帮助他们换个方式看待自己的学习和人生。

很多人被老师或父母直言相告：他们不是"学数学的那块料儿""学英语的那块料儿""学艺术的那块料儿"。出于帮助的目的，成年人会告诉学生，某门学科"根本不适合你"。这种情况，有人从小就碰到了，而有人则较晚，大学选课或首次求职面试时才碰到。有人是被直接告知有关他们潜能的负面信息，而有人则是受制于根深蒂固的文化观念：有些人能学会，有些人不能学会。

本书分享的科学新知识和六把学习钥匙告诉我们：我们大脑的功能是可变的，我们整个人都是可变的。这六把学习钥匙，不但会改变人们对现实的认知，还会改变人们的现实。其原因在于，随着我们逐渐认识到自己的潜能，我们被抑制的那部分潜能会被解锁，从而开启没有观念设限的人生。我们因此能够面对大大小小的人生挑战，并把这些挑战转化为成就。这些科学新知识将为所有人带来重大的变化。其创造出的可能性，将为教师、管理者和学习者带来深远的影响。

作为斯坦福大学的一名教育学教授，在过去的几年里，我一直在和脑科学家合作，将神经科学知识同我的教学知识相结合。我经常与人分享本书中的这些新知识，鼓励人们改变看待问题的方式。结果，他们都改变了自我的认知。这些年来，我重点关注的是数学。

教师、学生和家长所持的数学观念是最有害的。他们认为，数学能力以及其他多种能力是固定不变的——在很大程度上，正是因为有这种观念，所以美国乃至世界各地才普遍存在"数学焦虑症"（math anxiety）。很多孩子从小就认为，要么会做数学题，要么就不会。一旦学习吃力，他们就认定自己学不好数学。此后，只要稍有困难，他们自认为的"缺陷"就会被进一步强化。数百万人都受此影响。研究发现，一个见习项目中，48%的年轻人都有数学焦虑症。[1]其他研究也表明：选修大学基础数学课程的学生，约50%都患有数学焦虑症。[2]社会上对自己的数学能力抱着有害观念的人有多少，这很难确切知晓，不过，我估计至少要占总人口的一半。

如今，研究人员已经知道：数学焦虑症患者一旦碰到数字，大脑的恐惧中枢就会被激活——人们看见蛇或蜘蛛的时候，被激活的就是这个恐惧中枢。[3]**恐惧中枢被激活，问题解决中枢的活动就会减少。**数学焦虑感会对大脑造成损伤——难怪那么多人的数学成绩都不理想。无论什么学科，焦虑都会对大脑的功能发挥带来负面影响。因此，**我们必须给学习者传达不同的能力观念，清除学校和家庭中那些引发焦虑的教学方式。**

我们的能力并非天生不变，有人取得高成就，也不是完全由他们的基因所决定的。[4]"大脑天生不变""学习天资"等说法缺乏确切的科学依据，但它们无处不在，对我们的教育和日常生活的诸多方面造成了负面影响。抛弃"大脑固化论"和"人生基因决定论"，知道我们的大脑具有不可思议的适应性，我们就可以摆脱桎梏。每次学习东西，我们的大脑都会改变和重塑，这一认知源自十年来可能是最重要的一项研究——神经可塑性（也称为"神经重构"）研究。[5]关于这个问题，我将在第1章分享最有说服力的证据。

我告诉人们（多为教师以及其他教育工作者），我们应该抛弃思维固化观念，将所有学习者都视为具有学习能力的人。每到这时，他们无一例外，都会向我讲起自己的学习经历。每个人都会因为固化的观念而选择退缩，对于这样的往事，每个人都记忆犹新。我们都迷信这样的有害观念：有人聪明（天资聪颖或智力超群），有人不聪明。正是这样的观念，塑造了我们的人生。

如今，我们已经知道：**潜能或智力有限的观念是不正确的**。不幸的是，时至今日，这种观念依然广泛地存在于世界的多种文化中。好在拒绝接受这些观念，我们就有可能取得不可思议的成就。本书将颠覆那些根深蒂固、自我设限的危险观念，展现那些自我突围之后就会开启的机会。这种突围方法，始于神经学知识，并扩展至思维观念和人生。

距发现之初，神经可塑性已有数十年的历史。大脑的生长性和可变性已经得到了众多开创性研究的充分证明。[6]然而，在很大程度上，神经学知识尚未走进教室、董事会会议室或家庭，也没有转化为本书所分享的、人们急需的学习观念。幸运的是，有几位了解大脑可变性的先行者承担起了传播这一科学新知识的责任。瑞典裔美国心理学家安德斯·艾利克森（Anders Ericsson）就是其中之一。起初，艾利克森意识到大脑不可思议的生长和变化能力，并不是因为当时兴起的神经学，而是源于一项他和一个名叫史蒂夫的年轻长跑运动员所做的实验。[7]

艾利克森进行这项实验的目的，是研究人类记忆随机数字串的能力极限。1929年发表的一份研究报告表明，人的记忆力是可以提高的。早期的研究者训练一个人记住了13位随机数字，另一个人记住了15位数字。艾利克森很好奇，想弄清楚人们是如何提高记忆力的。于是，他招募了卡内基梅隆大学的在校生史蒂夫。根据他的描述，史蒂夫是一个资质平平的大学生。接受训练的第一天，史蒂夫的数字记忆表现非常一般，大多数时候只能记住7位数字，有时候能记住8位数字。在接下来的四天时间里，史蒂夫的表现有了变化，但都不超过9位数字。

后来，奇迹发生了。史蒂夫和研究人员都以为他已经达到极限了，然而，经过努力，他冲破了"天花板"，记住了10位数字，比原本可能记住的多了2位数。艾利克森说，由此开始，他度过了研究生涯中最令人惊喜的两年时间。史蒂夫继续稳步提高，最终成功地记住并能回忆一个82位的随机数字。不用说，这是一项了不起的成就，但并没有什么神奇之处。一个"普通"大学生的学习潜能得以解锁，才取得了这个少见而可观的成就。

几年后，艾利克森及其研究团队又对另一个参与者蕾妮做了同样的实验。起初,蕾妮的表现和史蒂夫非常相似:记忆力有所提高,高于未经训练者的记忆水平;通过训练,她能记住接近20位的数字。然而,接下来她没有任何提高。又经过50小时的训练后,她依然没有提高,最终放弃了训练。于是,艾利克森和他的团队展开了新的探索——为什么史蒂夫能够记住的数字比蕾妮多那么多位?

由此,艾利克森开始深入研究他所说的"刻意练习"(deliberate practice)。他发现,史蒂夫酷爱跑步,因而富有竞争精神和进取心。不管什么时候,看似达到了极限,他都会找到新的记忆策略,从而获得成功。例如,在记忆24位数字时,他遇到了"瓶颈",但他想出了新的策略——他将数字分为4位数,分组进行记忆。每隔一段时间,史蒂夫都能找到新的记忆策略。

从这个例子中,我们可以学到关键的一点:**在遇到障碍时,要换个角度和方法解决问题**。这听上去符合逻辑,但我们很多人在遇到障碍时都没有调整思维方式。相反,我们往往会认定自己无法克服障碍。艾利克森对人类行为的多个领域进行研究后得出结论:"**几乎没有确切的证据表明,人们在各个领域的表现达到了不可逾越的极限。相反,我发现,人们往往会直接放弃,不再想办法提高。**"[8]

读到这里,有人可能会持怀疑的态度,认为史蒂夫有如此惊人的记忆表现,是因为他在某个方面智力超群或天资聪颖。那我们就来看看更多的例子吧。艾利克森对名叫达里奥的另一位跑步爱好者进行了同样的实验。达里奥记住的数字位数甚至超过了史蒂夫——

多达100位数。有人对这些普通人取得的惊人成就进行了研究，结果发现：他们都没有基因优势。相反，他们投入了大量精力进行练习。基因遗传能力之类的观点，不但具有误导性，还具有危险性。然而，我们很多学校的教学理念都是建立在"能力固化"观念之上的，这样就限制了学生潜能的发挥，阻碍了学生获得惊人的成就。

本书分享的这六把"学习钥匙"，不但会给人们创造机会，让他们在各门学科的学习中取得出类拔萃的成绩，还会赋予他们力量，改变他们对待人生的方式。有了这些钥匙，人们此前未能利用的那部分潜能就能得到开发。写作本书之前，我一直认为，了解脑科学知识和突围方法，将改变教育者对学校课程的教学方式。为了写作本书，我访谈了很多人——62位访谈对象来自6个国家，他们的年龄、职业和生活环境各异。通过这些访谈，我发现这种突围方法的意义远不止于用于教学。

卡罗尔·德韦克（Carol Dweck）女士是我在斯坦福大学的同事，她付出了巨大的努力去改变人们的自我能力观念。德韦克的研究表明，我们对自己才华和能力的看法，将对我们的潜能发挥带来深远的影响。[9]有些人则具有她所说的"成长型思维"（growth mindset），认为（也应该认为）自己能学会任何东西。而有些人则具有有害的"固定型思维"（fixed mindset），认为自己的智力或多或少是固定不变的，可以学会新的东西，但无法改变自己的基础智力。经过数十年的研究，德韦克指出：这些思维观念会影响我们的学习能力，甚至我们的人生道路。

德韦克及其同事所做的一项重要研究，是在哥伦比亚大学的数学课上做的。[10] 研究人员发现一种普遍存在的僵化观念：女生被告知她们不适合学数学。他们还发现，这个信息只对那些具有固定型思维的女生起作用。当听见"女人不适合学数学"时，具有固定型思维的女生马上就会放弃数学。而那些具有成长型思维的女生，得益于"人人都可学会任何东西"观念的保护，会拒绝这些僵化的观念，继续学习数学。

通过本书，你将了解到积极的自我观念的重要性，以及培养这些观念的方法。你还会了解到，向自己和他人传达积极的观念是何等重要，不管你是教师、家长，还是管理者。

一个社会心理学家团队做了一项研究，有力地证明：教师给学生传达积极的观念，会对学生产生重要的影响。[11] 该研究的对象是高中上英语课的学生，他们写好作文后，教师对所有作文都给出了诊断性评语（积极的回馈），并在一半学生的评语后面添加了一句话。没想到，一年之后，那些得到额外评语的学生（尤其是有色人种学生），成绩明显提高，平均成绩绩点（GPA）更高。那么，学生在作文评语后面读到的，具有巨大作用的那句话是什么呢？它只是一个简单的句子：**"我给你这些评语，是因为我相信你。"**

我经常向教师们提起这项研究，目的是想告诉他们话语和信息的重要性，并不是建议他们也在学生作文的评语后面加上这句话！

在研讨课上，有一位教师举手问道："你是说，我不要留下印记？"引起了哄堂大笑。

脑科学研究提供了极具说服力的案例，已经证明了自我观念的重要性，以及教师和父母持有这些观念的作用。然而，我们生活在这个社会中，每天从媒体接收到的信息却是：智力和天赋是固定不变的。

很多做法都会让儿童——甚至是那些3岁的幼儿——养成有害的固定型思维，其中就包括一个使用广泛、看似无害的词语——聪明。为了帮助孩子建立自信心，父母经常表扬孩子，说他们多么聪明。我们非常清楚，表扬孩子聪明，他们马上就会想："哇，太棒了！我很聪明！"但随后遇到学习困难、失败或搞砸事情的时候（每个人都会如此），他们就会想："唉，我并不是那么聪明。"他们会不断地对这个固定观念做出负面评价。我们可以表扬孩子，但要就事表扬，而不是表扬他们自身。碰到需要表扬孩子"聪明"的场合，可以考虑下面这些替代说法：

固定型表扬	成长型表扬
你会做分数除法？ 哇，你真聪明！	你会做分数除法？ 你学会了分数除法，真棒！
你做出了这么难的题？ 太聪明了！	我喜欢你对这道题的解法，很有创造性。
你获得了理学学士学位？ 真是天才！	你获得了理学学士学位？ 那你学习一定很勤奋。

在斯坦福大学，我给本科生开设了一门叫作"数学学习法"的课程，选课学生中有全美学习成绩最优秀的学生。即便是这些人，他们也很脆弱，容易受到有害观念的影响。长期以来，他们中的很多人都被告知他们很聪明，然而，这个积极的信息——"你很聪明"——却会伤害他们。他们容易受其伤害，原因在于：如果他们相信自己很聪明，但随后碰到某个难题，感到学习吃力时，就会对他们造成毁灭性的影响。他们会觉得自己根本没那么聪明，因而放弃或逃避学习。

无论你对"大脑固化"观念有着怎样的体验，本书提供的信息都将改变你对提高自己和他人潜能的方法的认知。这种突围视角，不但会改变我们的思维观念，还会改变我们的身份、本质和人生。带着突围视角生活一天，特别是不愉快、失败或犯下严重错误的一天，你就会明白这一点。自我突围，你不但会感知并感激那些限制，还会超越那些限制，甚至会从中学到重要的新东西。

美国内战结束后，乔治·阿代尔（George Adair）定居亚特兰大。他从报纸出版人和棉花投机商起家，一步步发展成为非常成功的房地产开发商。他的成功，也许是源于其重要的，此后被广为传颂的真知灼见："**你所渴望的一切，都位于恐惧的彼岸。**"现在，就让我们一起来思考突围负面观念，到达恐惧彼岸的方法。

目录

01 神经可塑性引发的变革

大脑固化论
/008

改变观念，重塑大脑
/012

高成就学生
/021

天赋问题
/027

02

犯错、吃苦和失败的价值

犯错的科学
/037

换个角度看吃苦
/041

犯错的价值
/044

改变失败观
/057

# 03

改变观念，改变现实

观念与健康
/067

观念与冲突
/069

观念与学习
/071

改变观念
/073

04

大脑的连通

关于手指的意外发现
/091

天才们又如何呢?
/093

促进大脑连通的方法
/095

多维度教学法的学习与运用
/103

05

速度没了，灵活性就有了！

压力与焦虑的影响
/122

速度与神经学
/125

灵活思维
/131

概念性学习
/134

06 合作突围

合作为何重要?
/153

合作的力量：两个案例
/159

合作突围的方法
/170

（1）开放的心态 /171
（2）开放内容 /175
（3）接纳无知 /177

鼓励合作突围的策略
/181

结语 /187

致谢 /207

改变教学观念和方法的网站资源
/211

附录一　数学题计算法与图解法举例
/213

附录二　评价量规样本
/215

注释
/217

01
神经可塑性引发的变革

本书提供的这六把钥匙可以帮助我们解锁自己的不同方面，不过，第一把钥匙可能最为重要，却也最容易被人忽视。这把钥匙源于"大脑可塑性"的神经学知识。可能有的读者知道相关的证据，但很多中小学、大学和公司的一些做法所基于的观念，却和我要分享的这些观念截然相反。"大脑固化论"所带来的结果，是我们这个国家（乃至世界）到处都是受限于那些能够改变，应该改变的固有观念的低成就者。

> **学习钥匙 1**
>
> 每当我们学习的时候，
> 大脑的神经通路就会生成、增强或连接。
> 我们要意识到，我们每个人都在成长的路上，
> 我们必须抛弃"学习能力固定不变"的观念。

美国加利福尼亚州（简称"加州"）被称为"北美的托斯卡纳"的地区，有一幢乡间别墅，它是世界顶尖的神经科学家迈克尔·梅策尼希（Michael Merzenich）的住所。正是这位梅策尼希先生，"撞上"了当今最伟大的一项科学发现——偶然的发现！[1]20世纪70年代，他和他的团队借助最新的科技绘制了猴子的大脑。他们绘制的就是他所说的"脑图"（mind maps）——大脑的工作图谱。这是一项令人激动的前沿性研究工作，这些科学家希望他们的研究成果能在科学界激起"涟漪"。事实上，梅策尼希及其团队的发现，激起的不是"涟漪"，而是必将给人们的生活带来深刻变化的科学"巨浪"。[2]

该团队成功地绘制了猴子大脑的"脑图"后，就把它扔到一旁，继续做该研究其他方面的工作。当他们重新回到"脑图"的研究时，他们发现："脑图"显示猴子的大脑网络发生了变化。梅策尼希本人回忆道："我们所看见的，简直令人震惊。我无法理解这一切。"[3]最终，这些科学家给出了唯一可能的结论——**猴子的大脑在改变，而且是快速地改变**。由此，就诞生了后来人们所熟知的"神经可塑性"（neuroplasticity）研究。

梅策尼希的研究成果一经发表，就遭到了其他科学家的反对。许多科学家原本确信的观念，现在竟然被证明是错误的，这让他们难以接受。有些科学家曾认为，人们出生之后，大脑就是固化的；其他科学家则认为，人们成年之后，大脑才开始固化，有关成年人的大脑每天都在变化的证据，似乎显得让人难以相信。多年后的今

003

天，即使是那些曾经最激烈反对的人，也认可了神经可塑性研究的证据。

很不幸，数百年来，我们的中小学、大学、公司和文化一直基于这样的观念：有些人能改变，而有些人不能改变。正因如此，分层教学和差异化教学才显得合乎逻辑。学校或公司的某些人未能发挥潜能，这不是教学方法或环境因素所导致的结果，而是因为他们大脑的能力有限。然而，有了数十年神经可塑性研究的知识，我们现在必须彻底消除那些有关学习和潜能的有害观念。

新的证据表明，**动物的大脑具有可塑性**。受此激励，研究人员开始探索人类大脑的改变潜能。最有说服力的一项研究来自伦敦——我的第一份大学教学工作就是在这个城市。伦敦是世界上最有活力的城市之一，拥有数百万居民和游客。在伦敦，你每天都能看见黑色出租车快速穿梭于数千条大街小巷。这些出租车是伦敦的标志，出租车司机都具有很高的职业标准。伦敦人都清楚，上了黑色出租车，告诉司机要去什么地方，如果司机不知道，可以向出租车管理部门投诉。

熟悉伦敦的所有道路，这可是一项了不起的成就，出租车司机必须付出巨大的努力才能熟悉。要成为一名黑色出租车司机，至少需要学习四年时间。最近，我乘坐过黑色出租车。司机告诉我，他学习了七年。学习期间，司机们需要熟记伦敦市中心查林十字火车站方圆 6 英里①内的 25 000 条街道和 7000 个地标，以及所有道路的连接点。这项任务，通过盲目记忆是无法完成的，司机们必须开车上路，亲身体验这些道路、地标和连接点，才能记住它们。学习结束后，司机们要参加一项名为"道路知识"的考试。这项考试，他们平均要考 12 次才能通过。

黑色出租车司机接受的这种深度训练，其广度和深度引起了脑科学家的注意，他们决定研究这些司机训练前和训练后大脑的变化情况。结果发现，**经过高强度的空间训练，出租车司机大脑的海马体发生了显著的生长。**[4] 该研究具有重要的意义，这主要有两个原因：第一，该研究的对象为各年龄段的成年人，他们的大脑均出现显著的生长和变化；第二，出现生长的大脑区域（海马体）对各种空间思维和数学思维起着重要的作用。研究人员还发现：黑色出租车司机退休后，他们大脑的海马体出现萎缩的现象——不是因为衰老，而是因为使用次数减少了。[5] 大脑的这种可塑性（变化量）震惊了整个科学界。成年人在学习的时候，大脑会生长出新的连接和通路。这些通路不再被需要的时候，就会逐渐消失。

这些科学发现发端于 21 世纪初期。几乎与此同时，医学界也在神经可塑性领域有了偶然的发现。一个名叫卡梅伦·墨特的 9 岁女孩罹患罕见的癫痫病，疾病发作时会危及生命。医生决定对她施行

---

① 1 英里 ≈ 1.609 千米。

根除手术，将她的整个左半脑切掉。他们预计卡梅伦会瘫痪多年，甚至可能因此而死亡，毕竟大脑控制着身体活动。然而，手术后，卡梅伦的表现却出人意料，让医生们非常震惊。他们得出的唯一结论是：卡梅伦的右半脑正在生成左半脑功能发挥所需的新的神经连接，[6]而且，其生长速度大大出乎医生们的意料。

此后，又有几名儿童切除了半脑。克里斯蒂娜·桑特豪斯接受手术时只有8岁，为她做手术的，是神经外科医生本·卡尔森——他后来参加了总统竞选。克里斯蒂娜在中学时成为优等生，还顺利从大学毕业，并继续深造，获得了硕士学位。现在的她是一位语言病理医师。

各种神经学和医学证据均表明：**大脑处于持续的生长和变化之中**。每天早上醒来，我们的大脑都与前一天不同。通过后面几章的阅读，你将明白如何最大限度地促进大脑神经通路的生长和连接。

几年前，我们邀请了83名中学生来斯坦福大学参加为期18天的数学夏令营。就成绩水平和学习观念而言，他们都很有代表性。第一天，这83名学生都告诉面试老师，他们"不适合学数学"。询问之下，他们都说出了自己认为的"数学天才"的同班同学的名字。不出意外，就是解题速度最快的那位同学。

我们和学生们待在一起，共同努力改变那些有害的观念。来数学夏令营之前，他们都参加了所在学区的数学测试。18天后，数学夏令营结束时，我们又对他们进行了同样的测试。所有学生的成绩平均提高了50%，相当于2.8年的在校学习。这个结果令人不可思议,这也进一步证明:**只要给予正确的学习观念和教学方法,大脑是具有学习潜能的。**

为了消除学生固有的负面观念,我和老师们拿出卡梅伦的半脑图片,告诉他们卡梅伦接受了左半脑切除手术。我们还给学生们讲述了卡梅伦的康复情况,以及其右半脑的生长让医生们何等震惊。知道卡梅伦的事情后,这些中学生深受鼓舞。接下来的两周时间里,我经常听见学生说:"那个女孩只有半个大脑,她都能做到,我想我也能做到!"

很多人都持有有害的观念,认为自己不适合学习数学、科学、艺术、英语或其他某门学科。发现某门学科很难时,他们不是强化大脑,让学习变得可能,而是认定自己天生就没有适合学习这门学科的大脑。然而,谁也不是生来就具有学习某门学科的大脑,每个人都必须开发所需的大脑神经通路。

现在,研究人员已经知道:学习某个东西的时候,我们的大脑会有三种生长方式:第一,生成新的神经通路,新生的通路细小而脆弱,但随着学习的深入,会变得越发强壮;第二,原本毫不连接的两个通路会形成新连接;第三,现有的神经通路会增强。

新通路生成　　通路连接　　通路增强

我们学习的时候，大脑的这三种生长方式都会存在。随着神经通路的生成和增强，通过努力，我们就可以学好数学、历史、科学、艺术、音乐以及其他学科。这些神经通路并不是天生就有的，而是通过学习开发而成的，正如后面章节要表明的，学习越努力，大脑生长就越好，学习也就越好。事实上，我们的大脑结构会随着不同的活动而变化，使神经通路达到最佳状态，能够更好地适应当前的任务。[7]

大脑固化论

设想一下：数百万儿童和成年人认定自己学不会某个东西，教师和管理者看见人们学习吃力或失败就认定他们学不会，对于这些人而言，"大脑固化论"会带来怎样的影响？我们有太多人相信或被老师告知，我们无法学会某个东西。教师向学生灌输"大脑固化论"，并不是因为他们冷酷无情，而是他们认为自己有责任告诉学生应该或不应该追求什么、学习什么。

有些教师灌输"大脑固化论"，是为了宽慰学生。"别难过，你只是不适合学数学。"这是女生最常听到的典型的劝慰的话。有些学生接收到这个观念，是通过错误而过时的教学方式，比如分层教学或强调学习速度。不管是通过教育体制，还是通过教师的言谈举止，我们有太多人相信自己缺乏学习能力。一旦脑子里有了这个可怕的观念，我们的学习和认知过程就会改变。

詹妮弗·布里奇（Jennifer Brich）是加利福尼亚大学圣马科斯分校数学实验室主任。她负责该中心的管理工作，同时教授数学课程。她努力消除学生有害的数学观念，很少有大学数学老师会这么做。詹妮弗原本认为，"人的某些能力是天生的，只能拥有那些能力"。后来，她读到了有关大脑生长和改变的研究文章。现在，詹妮弗不但给本科生，也给担任教学工作的研究生讲授大脑生长的相关研究。这门新科学很难讲授。詹妮弗告诉我，她遇到了很大的阻力，因为人们宁愿相信有些人天生就有数学潜能，而其他人没有数学天分。

几个月前，她坐在办公室里处理电子邮件，突然听见隔壁办公室传来了哭泣声。詹妮弗告诉我，她仔细倾听，只听见那位教授说："没关系的。你是女孩子，女人和男人的大脑是不同的。因此，你可能只是暂时学不会。就算你完全学不会，也没啥关系。"

詹妮弗非常震惊，她勇敢地走过去，敲响了那位教授办公室的门。她把头探进去，说要和他谈一谈。她告诉那位男教授，他刚才灌输的信息是错误的。这让他很生气，他还把詹妮弗告到了系里。幸运的是，系主任是一名女性，她也清楚那位教授传达的信息是错误的，她支持詹妮弗。

目前，詹妮弗正致力于探索数学和学习的奥秘，她是研究这个领域的不二人选。最近，她给我讲起她曾经遇到的一次挑战。在她读研期间，一位教授让她深受打击：

> 当时，我还是一名研究生，刚读完一年级。我做了一些研究，正准备写毕业论文。我学得很不错，非常勤奋，成绩也很好。我选修了拓扑学课程。对我来说，这真的是一大挑战，不过，我非常勤奋，考试成绩优秀。我为自己感到骄傲。试卷发下来，我考了98分，这是一个接近完美的分数。我非常开心。然后，看到试卷末尾，我发现教授写了一句话，让我课后去见他。我心想："好吧，也许他和我一样激动。"我感到非常高兴和自豪。
>
> 我在他的办公室落座后，我们开始交谈，他说我并没有数学天赋。他想知道，我这次考得这么好，是否作弊或背答案了。他非常确定地告诉我，他不认为我可以成为一位数学家，这不应该是我未来的职业，并鼓励我考虑其他选择。
>
> 我告诉他，我那个暑假已经开始撰写毕业论文了，我的GPA也很高。于是，他开始翻找我的成绩档案，找到了我的本科和硕士成绩档案。然后，他开始翻阅我的成绩档案，看看其中的某些成绩。他不停地问我问题，这些问题都在暗示，我不应该获得那么好的成绩。他的这些做法让我感到心碎，因为他是我尊敬的人，是我认为非常聪明的人，是数学系深受敬重的著名

教授之一，很多男生都爱戴他。谈话结束后，我躲进车里，放声痛哭，非常难过。可以说，我是号啕大哭。

我的妈妈也是教师，于是，我打电话给她。听我讲完这次谈话的情况后，她自然很生气，也非常支持我。她让我认真想想，想想那些数学很棒的人，想想他们为何那么优秀。她让我彻底改变了想法。我认为，这是给我播下的第一粒种子，让我渐渐明白什么是成长型思维。从那以后，我内心的强悍和坚毅被激发了出来，激励我把数学学得更好，把数学研究做得更好。毕业典礼走到台上时，我一定要把灿烂的微笑送给那位教授。

詹妮弗的经历向我们展现了这样一个人——一个本应为学生负责，却认为只有某些人才适合学数学的教授。令人悲哀的是，抱有这种错误观念的，并非只有这位教授。特别是在西方国家，所有学科和职业领域都弥漫着一种根深蒂固的文化观念：只有某些人才能成为高成就者。我们中的很多人都曾被灌输过这种观念，而且已经习以为常地相信这种观念。我们一旦相信只有某些人才能获得高成就，我们的整个人生都会受到影响，就不会选择精彩的人生道路。"只有某些人才能成为高成就者"，这一观念潜伏在人们心中，带来巨大的危害，阻碍潜能的发挥。

教师和其他人向人们灌输"某些人的脑子不适合学习某个东西"等观念，是因为他们不知道或拒绝接受新的科学证据。他们大都是

STEM（科学、技术、工程和数学）学科的教师和专业人士——关于这个问题，我后面还会谈及。我认为，这些人深陷"大脑固化论"的认知领域。毫不奇怪的是，很多人都陷于这个负面的认知领域。20年前，神经科学才确切地证明大脑具有生长能力。在此之前，所有人都认为人天生具有某种大脑，而且这种大脑是永远不变的。持这种观念的教师和专业人士大都没有看到新的科学证据。大学的奖惩制度，意味着教授最有价值的工作是发表期刊论文，而不是出版科普读物（比如这本书）或普及科学证据。结果，最重要的科学证据被"锁进"学术期刊，常常被藏在"付费围墙"之后，无法被需要的人（教育者、管理者和父母）读到。

改变观念，重塑大脑

正是因为这些需要的人没有机会获得这些重要的知识，才促使我和凯茜·威廉姆斯（Cathy Williams）创建了数学教育网站youcubed。该中心和网站（youcubed.org）设在斯坦福大学，致力于为需要的人（尤其是教师和父母）提供有关学习的研究资料。如今，我们已经进入新的时代，很多神经学家和博士开始写书、做TED演讲，为人们带去新的科学信息。诺曼·道伊奇（Norman Doidge）就是其中之一。他不遗余力地分享重要的脑科学新知识，改变人们的思维观念。

道伊奇是一位医学博士，写了一部非常棒的书——《重塑大脑，重塑人生》(The Brain That Changes Itself)。正如书名所言，该书包含了很多人的励志故事。他们都有学习障碍或身患疾病（比如中风），教育者和医生早就判定他们已"报废"，但经过大脑训练，他们最终完全康复。道伊奇在书中破除了许多"错误"观念，其中包括：大脑的不同区域是互相分隔、不会相通和协作的，大脑是不会改变的。道伊奇描述了"大脑固化论"的黑暗时代，他指出：人们短时期内无法理解大脑的可塑性，这并不让人意外，需要一场知识"革命"，才能让他们理解。[8] 我同意他的看法，因为在近几年讲授脑科学新知识的过程中，我就遇到过很多人似乎不愿意转变观念，去理解大脑的潜能和人的潜能。

绝大多数学校依然固守"大脑固化论"的认知领域。多年以来，学校的做法都是僵化的，很难加以改变。最普遍的一种做法是"分轨制"：基于假定的学习能力，将学生分流至不同层次的"学轨"群组，加以分别教学。英国的一项研究表明，4岁时被分流至不同"学轨"的学生，88%的学生在其后的学习生涯中一直处于同一"学轨"。[9] 这个结果令人恐怖，但我并不感到意外。一旦我们告诉学生，他们位于"低轨道"群组，他们的成绩就会"自我应验"。

老师得知学生所处的"轨道"后，其结果也是如此。他们会有意或无意地区别对待学生。美国有一项研究，调查了2100所学校近12 000名幼儿园至三年级的学生，也获得了相似的结果。[10] 最初处于阅读能力最差群组的学生，始终没有赶上阅读能力最强的同学。基于学生假定的学习能力而对其进行分层教学，这种做法如果能够同时提高差生、中等生和优生的学业成绩，那它可能是正确的，但事实上并没有带来这样的结果。

针对阅读能力分层教学的研究表明：实行分层教学的学校，学生的平均成绩往往低于未实行分层教学的学校。[11] 针对数学的研究也获得了同样的结果。我曾对英国和美国的初中生和高中生的数学学习情况做过比较研究，结果表明：两国两种层次的学校，接受混合式教学的学生的数学成绩均优于接受分层教学的学生。[12]

旧金山联合学区是一个多样化的大型城市学区，学区教育委员会经过投票，一致同意取消十一年级前的高级班。这个决定引发了巨大的争议，遭到了家长们的反对。两年时间里，该学区十年级前的同年级学生都上同样的数学课。两年后，学生代数课的不及格率由40%降至8%，十年级后进入高级班的学生人数增加了1/3。[13]

在两年的时间里，该学区的教师不太可能对教学方法做出巨大的改变，真正改变的，是学生获得的学习机会和自我观念。所有学生（而不是某些学生）都学习高阶内容，而且都取得了优异的成绩。针对全球不同国家的学生成绩的多项国际研究均表明：教育最成功的国家，是那些分层教学时间最晚、程度最低的国家。美国和英国

（我在这两个国家都曾生活和工作过）拥有全世界最"发达"的分层教学体系。

谁也不知道孩子能学会什么，我们需要彻底反思学校对孩子学习能力设限的种种做法。尼古拉斯·莱奇福德的故事清楚地告诉我：我们必须改变对儿童学习能力的预期。尼古拉斯在澳大利亚长大，他上学的第一年，他的父母就被告知他有"学习障碍""智商很低"。老师经常约谈他的母亲，有一次还告诉她，尼古拉斯是他们从教20年来见过的最糟糕的学生。他很难集中注意力，无法联想、阅读和写作。然而，尼古拉斯的母亲洛伊丝拒绝相信自己的儿子学不会。接下来的两年里，她亲自教他如何集中注意力、联想、阅读和写作。对洛伊丝来说，2018年是极为重要的一年。这一年，她讲述尼古拉斯学习经历的著作《逆转》（*Reversed*）[14]出版了。也是在这一年，尼古拉斯毕业于牛津大学，获得应用数学博士学位。

科学研究早已超越了"大脑固化论"时代，然而，基于"大脑固化论"的教学模式和"学习能力受限"的观念依然存在。只要学校和家长继续灌输"大脑固化论"，学生不管年龄大小，仍然都会远离那些本来可以带来巨大快乐和成就的学科领域。

脑科学新知识已经表明：人的潜能是无限的。这会给很多人（包括确诊为学习障碍症的患者）带来转折性的改变。这些人天生就具有或后天受伤、意外造成的大脑生理性改变，从而加大了学习的难度。学校多年来的传统做法是：将这类学生分流至基础班，避开其"缺陷"进行教学。

芭芭拉·亚罗史密斯-杨的做法则完全不同。最近，我出差去多伦多，有幸见到了芭芭拉。其间，我参观了她建立的一所了不起的名为"亚罗史密斯"的学校。和芭芭拉在一起，你绝对会感到她拥有一种令人难以忽视的力量。她不但热情地分享她的脑科学知识和开发大脑的方法，还将这些知识运用于实践，通过大脑"靶向"训练，帮助那些需要特殊教育的"患者"改善大脑神经通路。

芭芭拉本人也曾被诊断为"重度学习障碍症患者"。20世纪五六十年代，她在多伦多长大，她和她的家人都知道，她在某些方面表现得非常出色，但他们被告知，她在其他方面是"弱智"。她有单词发音困难，无法进行空间推理；她无法读懂因果表述，还倒念单词；她能够理解"母亲"和"女儿"这两个单词，但无法理解"母亲的女儿"这个短语。[15] 幸运的是，芭芭拉拥有惊人的记忆力。凭借记忆力，她完成了学校的教育，并将自己的"障碍"隐藏了起来。

长大后，因为自己的"学习障碍"，她开始研究儿童的发育。最终，她读到了俄罗斯神经心理学家亚历山大·卢瑞亚（Alexander Luria）的著作。在书中，卢瑞亚讨论了那些具有语法、逻辑和时钟认读困难的中风患者。他治疗过许多脑损伤患者，深入地分析了大脑各区域的功能，建立了一套神经心理学测试体系。读完卢瑞亚的著作后，芭芭拉意识到自己有脑损伤，因此变得情绪低落，甚至产生了自杀的念头。好在她后来读到了第一部关于神经可塑性的著作，了解到某些训练活动可以促进大脑的生长。于是，她开始针对自己最薄弱的大脑区域进行为期数月的细致训练。她制作了数百张画有时钟的卡片，刻苦训练。结果，她的认读速度超过了正常人。她的符号理解能力也逐渐提高，并且生平第一次能够理解语法、数学和逻辑。

现在，芭芭拉的学校为患有学习障碍症的学生提供大脑训练课程。参观期间，通过交谈，我发现她是一个出色的交流者和思考者，很难想象她本人也曾有过严重的学习障碍。芭芭拉开发出多套测试题，总计40多小时，用来诊断学生大脑的优势和劣势。同时，设计出一系列帮助学生开发大脑神经通路的针对性认知训练活动。学生们来到亚罗史密斯学校时都有严重的学习障碍，但离开时都已康复。

第一次参观亚罗史密斯学校时，我看见学生们安静地坐在电脑前，专心地做着各种认知练习。我问芭芭拉，学生们是否喜欢做那些练习。她说，他们一直都很投入，因为他们很快就能感受到训练的效果。我和许多学生交谈过，他们也有同样的说法：做认知练习后，他们感觉"迷雾散去"，开始理解这个世界了。第二次参观亚罗史密斯学校时，我坐在那里，同一些完成训练项目的成年人进行了交谈。

香农是一位年轻律师，她曾经因为办案时间过长而招致客户的批评，毕竟律师通常都是计时收费的。经人介绍，她来到亚罗史密斯学校，注册了一个暑假的训练课程。我见到她时，她已经接受了几个星期的训练。她告诉我，她的人生已经发生了改变。香农不但能够更高效地思考，还能与别人建立联系，而这些她以前是无法做到的。她甚至可以理解过去发生的那些当时无法理解的事情了。和其他人一样，香农也谈到了大脑"迷雾散去"。她说，她过去在交谈中常常是一个看客，但现在"一切都很清晰"，能够全身心地参与交谈。

芭芭拉不但为前去多伦多注册入学的学生提供训练课程，还为教师提供培训项目，让他们学完后带回自己的学校。有些学生被训练了几个月，有的则会被训练数年。现在，各个地方的学生还可以参加远程训练项目。芭芭拉的大脑训练法全球领先，但同许多开创者一样，她也不得不忍受他人的批评，因为有些人不认可神经的可塑性，不认为大脑经过训练是可以生长的。尽管如此，她依然坚持为那些被迫认为自己是"废物"的学生的权利而战斗。

亚罗史密斯学校的学生，大都被灌输过"有严重缺陷"的观念，其中许多学生都被其他学校拒之门外。离开亚罗史密斯学校的时候，他们都发生了天翻地覆的变化。参观完亚罗史密斯学校后，我下定决心，要帮助其推广大脑潜能训练的方法，同关注 youcubed 的广大教师和家长（他们自称为 youcubed 人）分享亚罗史密斯训练法。如前所述，大多数学校的特殊教育向来都是识别学生的缺陷，然后避开缺陷进行教学，基本上是扬长避短的做法。亚罗史密斯学校的老师的做法则完全相反。他们识别大脑缺陷，然后进行针对性的训练——建立学生需要的大脑神经通路和连接。我希望，有学习障碍的学生都能接受大脑训练，消除那些被强加的标签和限制，代之以大脑革新所带来的希望。

许多被判定为"废物"、被告知不要学习某门学科的人，如今都在该学科领域取得了出色的成就。迪兰·林恩患有计算障碍症，这种脑病会让数学学习变得非常困难。但迪兰拒绝接受自己无法学习数学这一观点，而是继续学习，最终获得了统计学学位。她能取得这种成就，是因为她没有听从劝告而放弃数学，而是努力找到适合自己的数学学习方法。现在，迪兰同华盛顿大学的教授凯瑟琳·刘易斯（Katherine Lewis）合作，以自己的亲身经历激励那些被告知无法实现其理想目标的学习者。[16]

现在，我们必须认识到：**不能给孩子贴标签，不能降低对孩子的期望**。不管是怎样的学习障碍症患者，我们都不能这样做。正如本书告诉我们的：**大脑最重要的特质是具有适应性以及改变和生长的潜能**。

除了真正患有学习障碍症的儿童，其他学生大都是被告知或被迫相信自己有学习障碍，但事实上他们并没有学习障碍，尤其是数学学习。数十年来，全国各地的教师都在"识别"数学基础知识记忆能力差的学生，然后给他们贴上"缺陷"和"残疾"的标签。

斯坦福大学医学院神经学家特里萨·友库拉诺（Teresa Iuculano）

及其同事所做的一项研究清楚地表明：儿童容易被误诊，儿童的大脑具有改变和生长潜能。[17] 研究人员将儿童分为两组：一组是已被确诊的数学学习障碍症儿童；另一组是正常儿童。他们用核磁共振成像仪扫描这两组儿童做数学题时的大脑。他们发现，两组儿童的大脑确实有区别。而这正是有趣的地方，因为区别在于：被认为患有数学学习障碍症的那组儿童，做数学题时，其活跃脑区的范围更大。

这个结果是有违常识的，因为很多人都认为，有"特殊需要"的学生的大脑的活跃区域应该更小，而不是更大。然而，我们做数学题的时候，并不需要激活所有的脑区，只需要激活几个重点脑区。研究人员继续深入研究，对两组儿童（正常儿童和被认为患有数学学习障碍症的儿童）进行"一对一"辅导。经过八周的辅导，两组儿童均取得了同等成绩，而且被激活的脑区也完全相同。

该研究和其他许多重要的研究均表明：**经过短期训练——研究性介入通常持续八周——大脑是可以改变和重塑的**。该研究中，有"学习障碍"的儿童的大脑获得了极大的生长，同"正常儿童"的大脑具有了相同的功能。但愿他们返回学校后能够扔掉"数学学习障碍症患者"的标签。可以想象，这些孩子的学习和人生将发生彻底的改变。

高成就学生

　　了解大脑的生长能力，其重要性不仅限于帮助学习障碍症患者，而是贯穿整个"成就光谱"。进入斯坦福大学的学生，都曾拥有辉煌的学业成功史，他们的中学成绩通常都是"优秀"。然而，大学第一学期数学课（或其他学科）学习吃力的时候，很多学生就认定自己学不了这门学科，选择了放弃。

　　如前所述，近几年来，我开设了一门叫作"数学学习法"的课程，努力消除学生们的负面观念。这门课程结合了关于学习的神经学知识以及全新的数学观和体验。这门课的教学经历让我大开眼界。我碰到很多本科生，他们太脆弱，轻易就认为自己学不了 STEM 学科。很不幸，这些学生几乎都是女生和有色人种学生，他们比白人男生更为脆弱。这并不难理解，我们这个社会"弥漫"着根深蒂固的基于性别和种族的刻板观念——女性和有色人种不适合学习 STEM 学科。

　　这一点得到了顶级期刊《科学》发表的一项研究的有力支持。[18] 莎拉-简·莱斯利（Sarah-Jane Leslie）、安德烈·肯皮安（Andrei Cimpian）及其同事采访了不同学科的大学教授，看看"天赋观"——学好某些学科需要特别的能力——有多盛行。结果令人震惊。他们发现，越盛行天赋观的学科领域，女性和有色人种学生的人数就越少。他们所研究的 30 门学科都是如此。下图就是研究人员发现的相关性：上面（图 A）是科学与技术学科，下面（图 B）是人文学科。

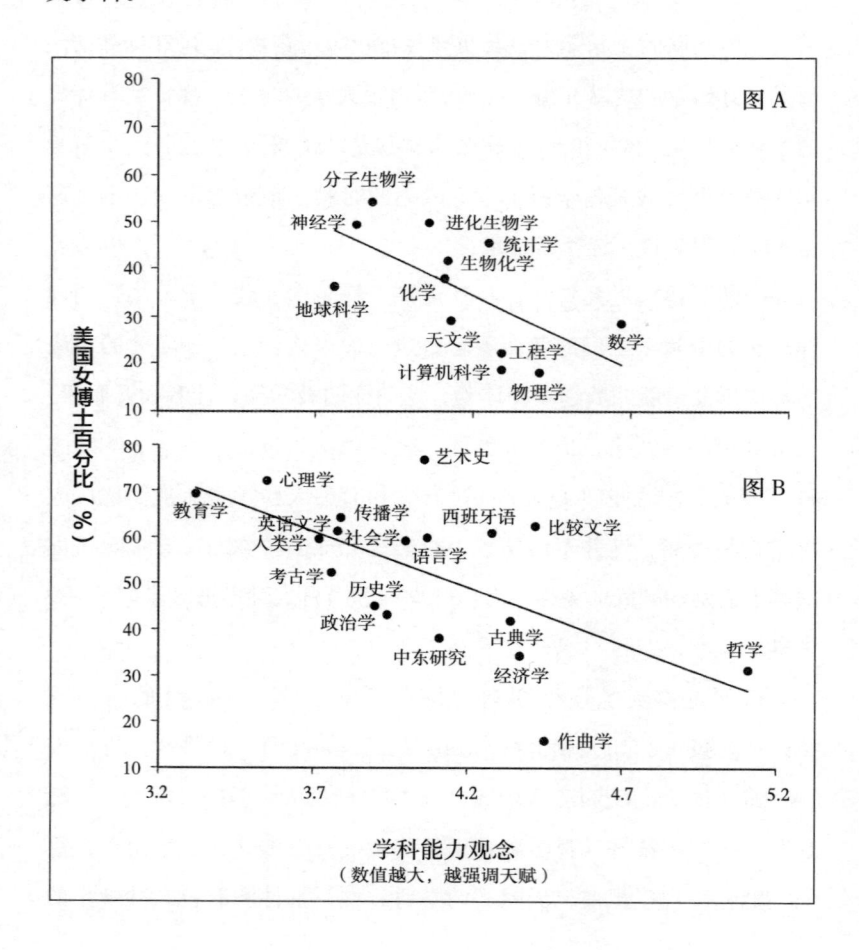

图 A

图 B

美国女博士百分比（％）

学科能力观念
（数值越大，越强调天赋）

每每看到这样的数据,我都会问:天赋观念对成年人的伤害如此之大,那它对儿童会有什么影响呢?

天赋观念不但是错误而有害的,还带有性别和种族偏见。我们有很多证据表明,相信"大脑固化"和天赋观念的人也会认为:男性和某些种族有天赋,而女性和其他种族则没有天赋。

清楚地表明这一点的一大证据,来自重点关注谷歌搜索的赛思·斯蒂芬斯-达维多维茨(Seth Stephens-Davidowitz)。[19] 他的研究揭示了非常有趣,也令人不安的结果。他发现,在谷歌搜索词中,位于"我2岁的儿子是否有……"之后最常见的词语是"天赋"。他还发现,父母搜索"我儿子有天赋吗"的次数,是"我女儿有天赋吗"的2.5倍。这忽视了一个事实:不同性别的儿童,拥有同样的潜能。

可悲的是,并非只有父母存在这个问题。丹尼尔·斯托里奇(Daniel Storage)及其同事对"教授评价网"(RateMyProfessors.com)的匿名评价进行了分析。他们发现:男性教授被学生评价为"才华横溢"的次数是女性教授的2倍,被评价为"天才"的次数是女性教授的3倍。[20] 该研究和其他众多的研究均表明,天赋和天才观念是与性别和种族偏见相互关联的。

我相信,有性别或种族偏见的人,大都不是有意持有这些偏见的(可能意识到自己有这些偏见)。我也相信,如果我们摒弃某些人"天生有才"的观念,知道每个人都会成长、都能取得伟大的成就,某些潜在的性别或种族偏见就会消失。最需要摒弃偏见的，是STEM学科领域。大量证据表明，STEM学科存在着最强大的固定型思维和最明显的不平等，这并非巧合。

很多学生因为他人的劝诫，认为自己学不了数学，这有部分原因是任课教师的态度。最近，我结识了几位了不起的数学家，他们花费大半生的时间，竭力消除数学领域弥漫的种种精英观念。派珀·哈伦（Piper Harron）就是这样一位大学数学教授，也是我崇拜的英雄。她在自己的网站"解放了的数学家"（The Liberated Mathematician）上写道："我认为，数学领域简直是一团糟，不断排挤那种本来可以让数学发展更好的人。我讨厌冒牌天才。我要给人们力量。"[21]派珀发出的这种声音，真是太棒了，有助于消除"只有某些人能取得数学成就"的观念。

不幸的是，仍然有很多学者和教师不断地传播错误的精英观念，蓄意而公开地声明：只有某些人能学好他们所教的学科。就在上个星期，我见到了两个典型的例子。第一个例子是，一位社区大学的教授刚开始上课就告诉学生，只有三位学生可以通过课程考试。第二个例子是，我所在学区的一位高中数学教师，对进入其任教的数学高级班的、充满热切渴望的、年仅15岁的学生们宣称："你们可能认为自己很了不起，但在这个班，没有谁的得分会超过C。"这些都是精英言论，他们陶醉于自己班上只有少数人能学懂，认为这就表明他们的教学内容真的很难。正是因为这些观念和言辞，很多优秀的学生都放弃了原本会获得巨大回报的人生道路。这些观念不但会伤害学生，还会伤害学科的发展，因为那些思想多样化、能给学科贡献有益见解的突破者被挡在了门外。

玛利亚姆·米尔扎哈尼（Maryam Mirzakhani）就是这样一位杰出的数学家。她成为世界上第一个获得令人艳羡的菲尔兹奖（数学界的"诺贝尔奖"）的女数学家。当时，全球各大报刊争相报道她的生活和工作。玛利亚姆在伊朗长大，和许多人一样，学校的数学课没有给她激励。念七年级时，数学老师说她不擅长数学。幸运的是，玛利亚姆的其他老师相信她。

15岁时，玛利亚姆的情况有了改变。她参加了德黑兰谢里夫理工大学的数学竞赛班。她喜欢攻克数学难题，开始学习高等数学。攻读博士期间，她证明了几个悬而未证的数学理论。她的证明方法和许多数学家不同，几乎都是采用图像证明。没有玛利亚姆的贡献，数学领域会变得狭隘——丰富性、视觉性和关联性都会降低。如果她当初听从了那位老师的话，也认为自己学不了数学，那她肯定不会做出如此巨大的贡献。

玛利亚姆到斯坦福大学工作后，我们经常见面，一起探讨数学的学习方法。我有幸为她的一位学生担任博士论文答辩委员会主席。可惜，她后来不幸去世，时年40岁。这个世界失去了一位杰出的女性，不过，她的思想长存，不断地拓展着数学的疆域。

最近，美国数学学会会刊将第11期设为玛利亚姆纪念特刊。很多人发文缅怀玛利亚姆对数学做出的杰出贡献，珍娜·萨皮尔就是其中之一。她就是我担任博士论文答辩委员会主席的那位博士生，现在的她也是一位数学家。她在文中回忆道：

> 上课时，玛利亚姆安会画出漂亮而丰富的图像，讲解A、B和C的概念。她不是简单地解释说，A概念推导出B概念、B概念推导出C概念。相反，她会画出A、B和C三个概念共生且以多种复杂的方式相互作用的数学图像。不仅如此，她的图像让人觉得，A、B和C概念的产生，是宇宙规律协同作用的结果。我经常想象她的内心世界是什么样的，并为此感到震撼。在我的想象中，它包含着不同数学领域里共生且相互影响的各种复杂概念。看着这些概念相互作用，玛利亚姆明白了数学王国的真正本质。[22]

世界上不乏这样的人：他们拥有独特的想法（往往更具创造性），却听人劝告而放弃了体育、音乐以及其他诸多领域的事业追求。相反，那些拒绝负面信息、坚持追求梦想的人，往往会取得杰出的成就。

"哈利·波特"系列小说的作者、有史以来最成功的作家之一J.K.罗琳拥有独特的想法，作品却屡遭退稿。母亲去世后，罗琳跌入了人生的低谷：离婚、单身母亲、生活贫困。但她依然坚持追求自己深爱的事业——写作。罗琳先后将"哈利·波特"系列的手稿寄给12家出版社，全都被退稿。

布鲁姆斯伯里出版社的编辑坐下来阅读这部小说时，并不看好它。她让自己8岁的女儿读。这位小读者非常喜欢，鼓励妈妈出版它。如今，罗琳的作品总销量超过5亿册，成为面对拒绝却依然相信自己想法的行为榜样。今天，她积极投身于消除贫困、支持儿童福利的事业。她的许多文字我都很喜欢，但我最喜欢的是下面这句话：

生活难免会遇到失败。除非你谨小慎微，仿佛压根儿就没有真正活过——而这种生活，失败早已预设。

天赋问题

很多教师、教授和家长仍然坚信"大脑固化论"时代的错误观念：只有某些人能够学好某些学科。他们那个时代的人只能接触这些观念，因此，为数众多的人依然墨守"大脑固化论"，也就不足为奇了。"大脑固化"观念已经给各年龄段的学生造成了灾难性的影响，他们在学校、课堂和家里被认定为失败者，数百万儿童被迫相信自己无法获得成功。然而，事情还有另一面。那些被捧为"天资聪颖"的学生，"大脑固化论"也会给他们带来负面的后果。听上去，这似乎是无稽之谈，"天才"标签怎么会有害呢？我在前面提及的那项研究表明，天赋观（成功需要某种天生的基因）对女性和有色人种学生会造成伤害，但它怎么会对那些拥有"天才"标签的人也有害呢？

几个月前，一位电影制作人联系我。他正在制作一部影片，以社会公正性的视角探讨天赋问题。我觉得这听上去很有意思，于是观看了他寄来的预告片。但我失望地发现，他的观点是：更多有色人种学生应该被认定为天才。我理解该影片的制作动机，毕竟所有天才计划都存在着严重的种族差异，但它有一个更大的问题：依然是"大脑固化论"的贴标签行为。

那个时刻，我就决定联合 youcubed 团队和公民影业公司的杰出制片人苏菲·康斯坦丁努，制作我自己的影片。我邀请我认识的斯坦福大学的学生，让他们反思自己被贴上"天才"标签的经历。[23] 出镜的 12 名大学生传达出一致的信息：他们获得过好处，但也为此付出过代价。他们说，他们感觉自己拥有固定不变的天赋，一旦学习吃力，就认为自己天赋耗尽。他们不能提出问题，只能回答别人的问题。他们想办法隐藏自己，不露出任何学习吃力的样子，否则，就会被认为没有天赋。在影片末尾，一位名叫茱莉娅的大学生感慨道："如果我活在一个谁也不被贴上天才标签的世界里，那我会问更多的问题。"

各种天才计划都基于一个重要的理念：确保高成就的学生享有丰富而有挑战性的学习环境。对此，我也认为很有必要，但其做法所传达的观念是：某些学生享有这些学习环境，是因为他们拥有固定的天赋，就像是上天赐予他们的礼物。这些计划指出，某些学生已经到达高点，因而需要特别有挑战性的教学内容，但这忽视了一个事实：其他人努力学习能够达到同样的高点。他们传达的信息是：有些人生来就拥有其他人无法获得的某种东西。在我看来，该信息不但会伤害那些自认为毫无天赋的人，也会伤害那些认为自己拥有固定天赋的人。

"天才"的标签之所以有害，一个原因是：你不应该有学习困难的时候，一旦出现学习困难的情况，后果绝对是毁灭性的。这让我想起了去年夏天，我和斯坦福大学教育学院的学生交谈的情景。当时，我正在讲解大脑生长性的相关研究和固化标签的危害性，突然，苏珊娜举手，伤心地说："你描述的，正是我的人生。"

苏珊娜谈起了自己的童年。她从小就是数学尖子生，入选天才计划，她经常被告知拥有"数学脑子"和特别的天赋。后来，她进入加利福尼亚大学洛杉矶分校数学专业学习。大学二年级，她选了一门非常有挑战性的课程，感到学习吃力。她当即就认定自己根本没有"数学脑子"，于是退出了数学专业的学习。苏珊娜不知道的是，学习吃力正是大脑生长的过程（后面会详细讨论），可以让她的神经通路得到生长，继续学习数学。如果苏珊娜当时知道这一点，她很可能就会坚持下去，获得数学学位。这种伤害，正是"能力固化"思维所导致的。

苏珊娜讲述的经历，是她被贴上具有"数学脑子"的天才标签以及这个固定标签如何导致她放弃自己喜欢的数学，但同样的情况也会发生于任何学科，如英语、科学、历史、戏剧、地理。如果你拥有人们看重的与生俱来而非后天开发的"某种脑子"，一旦出现任何学习吃力，你就会感到讨厌；一旦在某门学科领域感到学习吃力，你就会认为自己不适合学习该学科。由于我的专业领域，我碰到过很多认为自己没有适合的大脑的人，他们因而放弃了STEM学科。这个问题并不仅限于STEM学科，只要人们受到误导、认为自己的智力是固定不变的，都会出现这个问题。

虽然我反对给学生贴标签——"天才"或"笨蛋"，但我并不认为人人生来就有相同的大脑。每个人的大脑天生就是独特的，都存在着差异。但是，同人们可以改变自己大脑的诸多方面相比，这些差异是微不足道的。有的人拥有超常的大脑，超常到会对其事业发展起决定作用，但这种人的比例非常低——不会超过1/1000。因为大脑存在差异，有些人（比如自闭症患者）往往会在某些方面很弱，而在其他方面很强。虽然我们的大脑天生就不同，但并不存在所谓的"数学脑子""写作脑子""艺术脑子"或"音乐脑子"。我们每个人都必须开发大脑神经通路才能获得成功，我们每个人都拥有学习潜能，都拥有获得最高成就的潜能。

这一点，畅销书作家丹尼尔·科伊尔（Daniel Coyle）也认同。他花了大量的时间研究"天才温床"（talent hotbeds，高成就者比例高于正常水平的地区），采访"天才学生"的任课教师。在科伊尔的笔下，这些学生拥有特别高效的学习方法。老师们说，他们发现了某个十年一遇的"天才"。[24] 每个学区都会有 6% 的学生存在大脑差异，因此他们就认定应该抽走这些学生并区别对待。这种做法是荒唐可笑的。安德斯·艾利克森对智商和勤奋进行了数十年的研究，他得出的结论是：人们公认的天才——爱因斯坦、莫扎特、牛顿之类的人——并不是天才，而是靠后天努力，他们的成功都源自超常的勤奋和努力。[25] 我们必须向所有学生传达这样的信息：他们都在成长的道路上，没有什么东西是固定不变的，不管是所谓天赋还是缺陷。

我们不再生活在"大脑固化论"的时代，而是生活在"大脑生长论"的时代。我们应该颂扬大脑生长的故事，必须抛弃那些错误地认为某些人天生更强的过时观念和做法，特别是造成性别和种族不平等的那些过时标签。每个人都在成长的道路上，不管是成年人还是儿童，都不应该因为有害的、将人分为能者和无能者的二元对立思维而负重前行。

女性必须努力才能成功，男性天生就聪明，这种观念我在上高中时也碰到过，不是因为我的数学老师，而是因为我的物理老师。

我到现在还记忆犹新。当时，所有学生都要参加名为"模拟考试"的毕业会考，为英国所有学生 16 岁时都要参加的、决定命运的高考做准备。有八名学生——四男四女——达到了合格分数线，我就是其中之一。但物理老师认定，男生没有努力就达到了合格分数线，而女生经过十分努力才达到了合格分数线。因此，女生肯定不会考得更好。于是，他让四名男生参加高等考试，而让四位女生参加基础考试。

整个高中期间，我几乎不做任何作业（很多时候，我讨厌机械记忆知识），得过且过，很少努力。因此，我清楚他认为女生学习更努力的观点是错误的。我将物理老师基于性别差异而做出的决定告诉了我的妈妈。作为女权主义者的她向学校投诉，他们才勉强让我参加了高等考试，还告诉我说这是一个愚蠢的冒险之举，因为高等考试的评分只有 A、B、C 和未通过。我说，我愿意冒这个风险。

当年夏末，我拿到了成绩——A。我很幸运，有一位能推翻老师做出的带有性别歧视的决定的母亲。作为对物理老师错误观念的回应，我有理由更加努力地应考。不过，它也给我带来了不幸的结果：我决定不再学物理。我不想和这个人（系主任）或这门学科再打交道了。

幸好，在数学学科，没人给我这种带有性别歧视的劝诫。我最喜欢的、水平最高的数学老师和教授，有些就是女性。我选了高等数学课程。我选了所有理科高等课程，但物理学除外。我的经历说明：如果像那位物理老师那样，基于性别（种族或其他）偏见而对学生的发展道路设限，将对学生造成多么严重的潜在影响。

最近，有几位年轻女性给我讲述了她们的经历。她们选修了一所顶尖大学的数学课，有一次，她们课后去找数学教授请教问题。听完问题后，教授对她们说："这个问题太基础了，你们应该去当地的社区大学选课。"这些女孩（都是非裔美国学生）当即就决定：永远不再学习STEM学科。她们已经听够了这样的信息，像其他许多学生一样，她们也选择了放弃。

当然，灌输有害观念的，并不只有数学学科，艺术、英语、音乐、体育，这些学科领域，学生们一开始都会感兴趣，直到他们感到学习困难，然后就认定自己没有适合的大脑（或身体）。学生们一旦接受了这些有害观念，他们的部分潜能就会提前关闭。不只是学习，"潜能固化"观念还会影响人们的工作和生活。

我和很多专业人士有过交流，他们告诉我，了解脑科学知识之前，他们参加会议时很紧张，不敢说出自己的想法，唯恐自己说错话，总是活在被人评判的恐惧中。这并不奇怪，毕竟我们从小就生活在"大脑固化论"的世界里，评价标准都是"聪明程度"。我们很多人从小就感觉事事被人评判，总觉得自己不够优秀，担心自己露馅儿。抛弃"大脑固化论"，借助本书后面讨论的那些神经学新发现，我们就能得到解锁。

不但员工会深受"大脑固化论"的影响，管理者往往也不例外。

公司的管理者很可能因为某位员工脑子不好使或不够聪明而看低他的价值。然而，如果管理者相信员工拥有无限潜能，他们就会改变交谈的内容，就会为员工提供机会，而不是不给机会。管理者就不会认为，某些员工的价值是有限的，而会认为应该给他们提供各种学习的机会——阅读、研究、提升（后面几章还会加以讨论）。这样做，公司的运营方式就会发生改变，就能够创造出重要的点子和产品。

要拥有突围的解锁人生，第一步是要知道：**我们的大脑时刻都在重组、生长和变化**。要记住：每天早上醒来，我们的大脑都是不同的。我们一生中的任何时刻，大脑都可以连接通路、增强通路和生成新通路。面对挑战，不要担心自己不够优秀而选择逃避。相反，要勇敢地迎接挑战，因为挑战可以为大脑提供生长的机会。随着我们慢慢意识到大脑可塑性的巨大作用，我们就会解锁观念，换个活法。至于如何增强大脑神经通路，我们将在后面几章中加以详细讨论。

02

犯错、吃苦和失败的价值

生活中充满了错误。我们随时都在犯错，犯错是日常生活的一部分。即使某些犯错无关紧要，或纯属巧合，大多数人对犯错的本能反应，依然是内心自责、感到难过。人们对犯错做出负面反应，这并不奇怪。我们大多数人从小接受的观念就是犯错不好，特别是在考试驱动的学校，我们经常因为犯错而被扣分，因为犯错而受到父母严厉的责罚。这是很不幸的，我来告诉你为什么。

学习钥匙 2

犯错和吃苦之时，
就是大脑生长的最佳时机。

学习过程中，愿意直面困难、愿意犯错，可以促进神经通路连接，从而促进和提高学习。神经学研究[1]和高成就人士行为研究[2]均表明，犯错和吃苦具有积极的作用。某些研究结果有违常识，是因为我们长期以来一直认为必须做对所有事情。摆脱"必须永远正确、不犯任何错误"这种观念的束缚，将会带给我们革新性的变化。

犯错的科学

我主持过一个教师研讨会，让我第一次意识到犯错的积极作用。思维观念研究先驱卡罗尔·德韦克也参加了研讨会。那天，与会的教师围坐在一起，聚精会神地听卡罗尔宣讲。卡罗尔指出：**我们每次犯错，大脑神经元突触都会被激活，表明大脑在生长**。教师们都感到震惊，因为他们的教学目标向来都是避免犯错。卡罗尔的结论，来自大脑对犯错的反应研究，特别是对成长型思维者或固定型思维者大脑反应的比较研究。[3]

卡罗尔的大脑对犯错的反应研究，因为杰森·莫泽（Jason Moser）及其同事的研究而得到推进。他们有了令人震惊的发现。他们让参与者做题，同时用核磁共振成像技术监控参与者的大脑活动，然后观察参与者答对和答错题时大脑扫描的结果。他们发现，大脑在答错题时比答对时更为活跃，表明神经通路得到了增强和生长。[4]如今，神经科学家们都认为，**犯错有助于增强大脑神经通路**。

这把"学习钥匙"至关重要，因为大多数教师的课程设计，是为了让每个学生都能做对题。课程体系和教材的设计目的，都是提供无关紧要的、缺乏挑战性的习题，以提高学生答题的正确率。通行的观念是：学生做对大多数习题，他们就会受到激励，从而获得更大的成功。不过，这存在一个问题：做对习题，并不利于训练大脑。

大脑要获得生长，学生就必须做有挑战性的习题，做那些处于其理解力边缘的习题。此外，还要有鼓励犯错、看重犯错价值的学习氛围。这一点至关重要。问题有挑战性，学生才会犯错；有了鼓励犯错的氛围，学生面对挑战和难题才不会感到畏惧。两者需要共同作用，才能让学生有理想的学习体验。

作家丹尼尔·科伊尔对"天才温床"做过研究，得出的结论是：**高成就并非来自天生能力，而是来自特别的练习**。他以音乐、体育和学术领域的高成就者为研究对象进行研究，结果显示：所有的高成就者都进行过某种让神经通路裹上髓鞘质的特别练习。

我们的大脑是通过神经纤维（包括神经元）"互联网"发挥作用的，而髓鞘质是一种绝缘体，它包裹着神经纤维，从而加大神经信号的强度、提高速度和准确度。反复思考某个问题或踢足球，髓鞘质就会包裹相关的神经通路，使回路达到最佳状态，让我们的思维或动作变得更加流畅和高效。在学习过程中，髓鞘质起着至关重要的作用。学习大都需要时间，而髓鞘质可以增强神经信号，逐渐增强神经通路，从而加快学习过程。科伊尔列举了许多高成就者，包括数学家、高尔夫球手、足球运动员和钢琴家，并分析了包裹其神经回路的绝缘层（髓鞘质）所起的作用。他发现，这些世界级大师的大脑有一个共同的特征：都拥有包裹着一层层髓鞘质的高效的"超级神经通路"。

那么，我们如何才能开发"超级神经通路"呢？努力解决处于理解力边缘的难题，不断犯错、纠错，继续努力和犯错，不断推动自己去突破难题，此时我们的"超级神经通路"就在生成。

科伊尔在书中讲述了一个有趣的学习故事——一个名叫克拉丽莎的13岁女孩学习单簧管的故事。他写道："克拉丽莎没有任何音乐天赋，没有灵敏的耳朵，节奏感一般，学习动力也欠佳，然而，她却成为音乐圈的名人。根据音乐心理学家的推测，这是因为她找到了将学习速度提高十倍的方法。"音乐学家把其令人称奇的学习技巧录制成视频并加以研究。科伊尔观看完克拉丽莎的练习视频后，建议将该视频改名为"六分钟达到练习一个月效果的女孩"。他是这样描述克拉丽莎练习法的：

克拉丽莎深吸一口气，吹了两个音符，然后停下来，将单簧管从嘴边挪开，盯着乐谱，眯着眼睛。她吹了曲子开头的七个音，漏掉最后一个，马上停下来，将单簧管猛地从嘴边挪开……她重新开始，从头吹奏该重复乐段。这次多了几个音符，但还是漏掉了最后一个音。她倒回去，修补调整。开始句渐渐合在一起，音符呈现出神韵和感情。处理完这个乐句后，她又停了足足六秒钟，似乎在心里再次演奏。她一边移动单簧管上的手指，一边思考。然后，她微微向前倾，深吸一口气，重新开始吹奏。

这种演奏，听上去很糟糕。这不是音乐，只是一堆破碎零散、拖泥带水、充满停顿和漏音的音符。根据常识，我们会认为克拉丽莎演砸了，但这次，常识是大错特错了。[5]

一位音乐家看完这段视频后，对克拉丽莎练习法评价道："令人惊叹。""如果有人能破解，必将价值千金。"科伊尔指出："这不是常规的练习法，它是目标明确、重在犯错的练习过程。在此过程中，有些东西在生长、生成。乐曲逐渐呈现，并带有克拉丽莎鲜明的个人风格。"[6]

对于这种学习事例，科伊尔评价说，学习者"利用了某种神经机制，某些有针对性的练习模式有助于技能生成。他们无意中进入了学习加速区。那些知道怎样做的人，虽然无法完全清楚为何要这样做，但可以利用这个加速区。简言之，他们破解了天才密码"。[7]

这种高效学习法有一个重要的特征：**容许犯错**。犯错和努力纠错对初学者变为专家起着重要的作用。这与脑科学研究的结果是一致的。研究发现：努力解决难题、犯错的时候，大脑活跃度会提高；做对习题的时候，大脑活跃度会降低。[8]不幸的是，大多数学习者依然认为，他们应该把题都做对。还有很多人觉得，犯错或学习吃力，说明自己不是好的学习者。然而，他们最应该做的，恰恰是犯错和努力纠错。

要提升知识和技能，就必须练习。安德斯·艾利克森为我们揭示了专家成就的本质。他发现，世界级大师（钢琴家、棋手、小说家、运动员）大都经历过为期20年上万小时的练习。他还发现，他们取得成功，与智商无关，而与大量的"刻意练习"有关。[9]虽然努力才能成功，但要成为专家和大师，还必须正确地努力。不同的研究者对高效练习的看法都是一致的：将自己推向理解力边缘，犯错，纠错，然后继续犯错。

换个角度看吃苦

每隔四年，都会有75个国家接受一项名为"国际数学与科学趋势研究"（TIMSS）的国际测评。在最近一次测评中，新加坡成为数学得分最高的国家。如果我们不知道各个国家成绩的取得是采用了怎样的教学方法，那这种测评的结果是没什么用处的。于是，一个研究小组走进教室，记录七个国家有代表性的教学方法，以此研究数学教学的本质。该研究获得了许多有价值的发现。[10] 其中一个发现是：同更成功的国家的数学课程相比，美国的数学课程"广而不深"。

数学测评得分一向较高的日本（通常在 TIMSS 测评国家中排名前五）也是该研究考察的国家之一。研究人员发现，日本学生 44% 的学习时间都用在"创新、思考和努力理解基本概念"上，而美国学生从事这类学习活动所占的时间不足 1%。

吉姆·斯蒂格勒（Jim Stigler）是该研究报告的作者之一，他写道："日本教师要求学生独立思考——他们经常故意给出错误的答案，以此来让学生理解基本概念。"就我多年来对美国和英国课堂的多次观察，我从未见过这种做法。我常常看见的，是老师似乎想让学生免于吃苦。很多时候，我看见学生求助于老师时，老师都是直接给学生讲解，分解问题，将难题转化为简单的小步骤。这样做，就消除了问题的挑战性，学生也不用吃苦。学生完成了习题，感觉良好，但往往学不到任何东西。

观摩中国（另一个数学得分很高的国家）的课堂，我也发现了极为类似的教学方法（强调学生独立思考）。我曾受邀访问中国，并在一个会议上做演讲。如我一向所为，我想办法溜走，去观摩了一些课堂。数学课的时长大都控制在一小时左右，但我看见学生在一小时内所做的数学题都不会超过 3 道。这与美国典型的中学数学课形成了鲜明的对比：美国学生一小时内要一口气完成大约 30 道题——整整多 10 倍。中国课堂所解决的数学题，比美国课堂要解决的数学题更为复杂难解，学生更有参与性。老师会提出挑战性的问题，故意给出错误的表述，鼓励学生反驳。

我观摩的一堂课，讲的是余角和补角——对美国课堂来说，这种教学内容往往是"没劲儿"的。那位中国教师请学生们定义余角，学生们根据自己的理解给出了定义。老师将学生们的定义逼到错误的死角，然后打趣地问道："那这对吗？"学生们发出叹息声，继续努力修正定义。老师和学生们开玩笑，延伸他们的想法，有时还会故意"曲解"，以此逼迫学生深入思考。学生们长时间地进行探索、拓展、厘清和证明，其理解的深度令人印象深刻。

相比之下，同样的教学内容，标准的美国课堂是：老师为学生给出余角和补角的定义，然后让学生完成 30 道小练习题。中国数学课堂的重要特征，是让学生吃苦、自己解决问题——老师刻意将学生逼入死角，强迫学生努力思考。这种教学方式，与研究人员所描述的目标导向、重在犯错的练习如出一辙。正如科伊尔所说，**建立高效神经回路的最佳方式，是"激活它，犯错，然后再激活"**。中国教师让学生做的，正是这一点。

伊丽莎白·比约克和罗伯特·比约克夫妇都是加利福尼亚大学洛杉矶分校的科学家，数十年来，他们一直致力于学习研究。他们指出，很多学习活动都是毫无效果的，因为重要的学习活动往往大都有违直觉，是偏离学校的标准做法的。他们高度强调"最适难度"（desirable difficulties）的重要性，这再次表明：需要逼大脑去解决难题。他们特别指出大脑提取信息的行为：每次提取信息，大脑都会发生变化，神经回路会越来越容易连通。[11]

很多人为准备考试，都会反复背诵学习资料。对此，比约克夫妇指出：这种复习方式对大脑没有多大帮助。**更为高效的复习方式，是自我测试，强迫自己不断地回忆学习内容，最好是不断地犯错、纠错。**学习科学家指出，自我测试不应该是评价性的，否则会给人带来压力，降低学习体验。最为有益的做法，是非评价性的自我测试或同伴测试。[12]

犯错的价值

随着神经学日益得到确立，越来越多的证据表明：**犯错和吃苦是有价值的。**优秀教师凭直觉已经意识到了这一点，他们告诉学生：犯错其实是学习的好机会。不幸的是，我发现这个信息还无法消除学生犯错后的糟糕感觉——这通常是源于许多优秀教师所处的绩效文化。即使我们强调这一信息——犯错不但有利于学习，也有益于大脑的生长和连通——但如果体制要求教师必须对学生进行"犯错就惩罚"的考试，那他们也很难传达这个信息。

这凸显了教育改革所面临的挑战——它是一个复杂的系统，涉及相互影响的诸多方面。教师向学生传达正确的信息，随后却眼睁睁地看着这些信息被所在学区的某种强制做法所破坏。正因如此，我才鼓励所有参加教学观念培训的教师，不但要将这些信息告诉学生，还要与管理者和家长分享这些信息。

老师鼓励学生犯错、吃苦，学生就会感到自由。苏珊妮·哈里斯是新西兰一名二年级的老师，她开始从教的那个时代，普遍采用程序教学和限时考试。读到我的一本著作后，她意识到自己的感觉是正确的，而且有研究结果的支撑，于是，她请求校长准许她采用"乔·博勒教学法"！校长同意了。苏珊妮做了很多改变，其中就包括告诉学生犯错和吃苦的积极益处。在访谈中，苏珊妮告诉我，因为这一信息和其他信息，她班上的一个小男生发生了巨大的变化。

这个男生名叫德克斯，他被认定有学习障碍，每天上学都必须服药。一天，苏珊妮在课堂上让学生们完成"youcubed"网站上一项叫作"4个4"的练习任务。这个练习非常棒，很有挑战性：

采用运算法则，用4个4算出1~20之间的各个数字。

学生们很喜欢这个练习，还算出了20以外的数字。做这个练习时，德克斯用 64 加上 16。后来，他用 16 加上 64 时，发现得数相同。就在那一刻，德克斯发现了重要的数字关系——交换律。加法和乘法都有交换律，计算顺序并不重要。例如，可以是 18+5，也可以是 5+18，两者得数相同。而减法、除法等其他运算方法则没有交换律，顺序很重要。

苏珊妮意识到德克斯偶然发现了交换律，并称之为"**认知可逆性策略**"。随着时间的推移，其他学生也学会了这个策略。他们找出热门选秀节目《X 元素》(*The X Factor*) 的一张招贴画，把德克斯的策略贴了上去，更名为"德克斯元素"。这年年底，学生们分享一年来的学习收获，一个小女生说，她学到了"德克斯元素"。另一个学生说，"德克斯元素"帮助她学会了乘法表。苏珊妮回忆说，其他学生不再将德克斯视为"笨蛋"，都觉得他是一个"天才"。

一天，校长走进教室，挑战这些已经明白犯错价值的学生："那我可以说，5+3=10，然后我的大脑就能生长吗？我可以故意犯错的，是这样的吗？"

苏珊妮说，学生们有些震惊，告诉校长："什么？！你干吗要故意犯错呢？谁会那样做？谁也不会那样做的。"

校长说："你们刚才告诉我，只要我犯错，我的大脑就会生长。"

学生们回答道："没错，但如果你故意犯错，那其实就没有犯错。你知道这不是一回事儿。这不是犯错，这是愚蠢！"

听见学生在面对成年人的挑战时捍卫自己学到的新知识，我感到由衷的高兴。最近，我收到一位名叫塔米·桑德斯的教师发来的电子邮件。她告诉我，她的一个学生学到脑科学新知识后变得更加优秀。塔米在香港一所国际学校教三年级，她在电子邮件中写道：

> 今天，我班上最文静的一名学生来找我。她说话声音很小，我得弯下腰才能听清她在说什么。她在我耳边低声说："桑德斯老师，我在读这本从你书架上取来的书，我觉得你真应该读读它，非常棒！"我低下头，想看看她手里捧着的是什么书。我原以为是一本普通的科普读物，但让我意外的是，她递给我的是你的大作《数学思维模式》。我深受感动，必须和你分享。

这名学生名叫吉赛尔。后来，她写信给我，希望我用同样的数学理念写成系列新书，分别供5岁以下、6~8岁、9~12岁、13~15岁和16岁以上的学生阅读！这件事情，我还没有做，但我非常欣赏她的想法和传播新观念的激情。吉赛尔还给我寄来下面这幅画，表现的是她将我的书告诉老师时的情形！

几年前，在我们的中学生数学夏令营，我们告诉学生：**我们喜欢犯错，犯错可以促进大脑生长，犯错其实是学习的重要组成部分。**因为这些信息，学生们学习更自由，学习方式也有了多方面的变化。

他们即使不知道自己的想法是否正确,也愿意和大家分享。面对难题时,他们也会坚持不懈。事实证明,"犯错有利于大脑生长"这一简单的观念带来了变革性的影响。这些积极的信息,对学生学习方法的改变和他们的成长发挥了重要的作用。

我和凯茜·威廉姆斯共同执教了一个夏令营班,一个名叫艾莉的女生是班上身材最矮小的学生之一,经常斜戴一顶棒球帽。和小组成员围在黑板前讨论想法时,她常常要跳起来才能够着其他同学的答案。她矮小的身材,同她强烈的学习欲望形成了鲜明的对比。如果要用一些词语来描述艾莉在夏令营期间的表现,那这些词语是:"意志坚定""顽强",还有"死也要把这道题算出来"。

在入营测试中,艾莉是成绩偏低的学生之一。83名学生,她排名第73。来夏令营之前,她告诉面试老师数学课很无聊,她不想参加我们的夏令营,她宁愿待在家中玩《我的世界》(*Minecraft*)游戏。然而,整个夏令营期间,艾莉从未缺课,经常和同学争论,强迫自己理解透彻。有时候,她不能很快地理解某个问题,就会变得非常沮丧,但她会继续思考,不停地提问。她经常犯错,但会不断纠错,直到得出正确的答案。如果有人旁听我们的夏令营课堂,很可能会说:"艾莉是差生,理解很吃力。"

艾莉的学习经历为何如此引人注目?她是整个夏令营成绩提高最多的学生:入营测试时,她排名倒数;18天后,她的成绩名列前茅。她由最初的第73名,夏令营结束时变成了第13名,整整提升了 60 名，而且成绩也提升了 450%！艾莉正处于科伊尔所说的**"学习加速区"**[13]：将自己推向理解力边缘，犯错、纠错，加速提升自己的理解力。

如何鼓励更多的人采用这种高效学习法？艾莉有何特别之处？她能脱颖而出，并不是因为她拥有出色的理解力，而是因为她面对失败时展现的顽强毅力。我和教师们交谈时，他们经常谈到自己班上的学生缺乏毅力。我经常听见老师抱怨学生不想吃苦，想让别人直接告知答案。在老师们看来，似乎是学生嫌麻烦、不愿吃苦。也许是这样吧，但事实是：学生不愿吃苦，是因为他们的固定型思维。他们在人生的某个时刻被灌输过这样的观念：你不会成功，吃苦表明你学得不好。

参加夏令营的 83 名学生中，很多学生都如这些老师所说，讨厌冒险、不愿坚持。但入营之后，在鼓励犯错和吃苦的学习氛围中，他们即使发现题目很难，也愿意坚持思考。有时候，学生找到我们，神情沮丧地说："这个太难啦！"我们会说："这是大脑生长的最佳时刻。题目太难的感觉，就是大脑生长的感觉，继续思考吧。这真的很重要，很有价值。"然后，他们回去继续做题。夏令营结束时，我们发现，面对难题，学生们都愿意努力思考，坚持做完。我们提出问题时，全班同学都会举手。

我给教师们讲完艾莉的故事，他们都迫切地想知道如何让更多的学生学会她的方法。他们希望自己的学生也愿意吃苦，面对难题时坚持不懈。詹妮弗·谢夫是一名教师，她知道如何鼓励自己的学生吃苦。

詹妮弗在加拿大安大略省教六年级。她联系我说，学到脑科学新知识后，她的教学发生了深刻的变化。同我采访的许多女性一样，詹妮弗小时候也很顺从，会因为"乖巧""听话""胆子不大"而受到表扬。她说，她在课堂上从不回答问题，除非她确信自己的答案是正确的。

作为曾经的青少年社会工作者，詹妮弗明白：**通过教学提升儿童的自尊和自信是非常重要的**。用她的话说，学到脑科学知识后，她的认知"加深了一层"，这一层新认知改变了她的教学方式。詹妮弗清楚，她班上的学生都已经认定了自己是"聪明"或是"笨蛋"。学到脑科学新知识后，整个9月和10月，她都在给学生传授大脑生长、思维模式等重要观念。詹妮弗回忆说：

> 不仅要帮助学生树立自信心，还要告诉他们正确的脑科学知识，这才是我关注的重点。这些脑科学知识，都是与学习相关的确切信息。
>
> 没错，我一直在努力帮助学生建立自尊。但脑科学知识有所不同，因为它与学习密切相关。不仅要让他们知道如何与朋友相处，还要让他们知道如何学习。

詹妮弗做得非常棒，她不但了解思维观念和脑科学知识，还将它们用于自己的教学实践和子女教育。很多老师也会告诉学生这些知识很重要，但并没有加以讲解并用于教学实践。近年来，我意识到：**学生学习时，尤其是学习吃力时，老师和家长如何同他们互动，对成长型思维的培养至关重要。**为了鼓励学生吃苦，詹妮弗采用了"阶梯"比喻。如今，她将"努力阶梯图"贴满了整个教室。

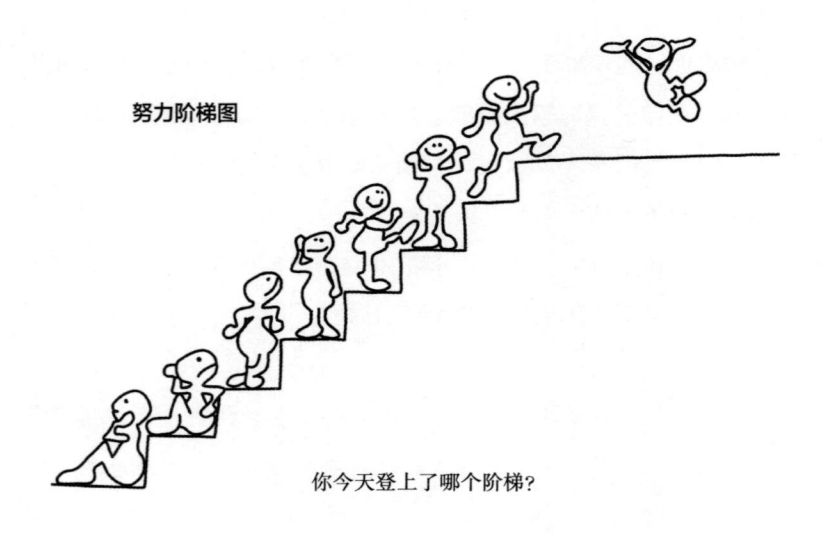

努力阶梯图

你今天登上了哪个阶梯？

詹妮弗告诉学生，他们不必成为"努力阶梯"顶部的"得意者"，但也不应该成为阶梯底部的"悲伤者"，他们只管努力攀登。正如詹妮弗所言：

谁都不想成为阶梯底部的那个人，他看上去有些气急败坏。阶梯顶部的那个家伙，登顶后得意扬扬，也让人讨厌。我经常告诉学生："你不必成为那个家伙，他让人讨厌。那就登到中间吧，好吗？"

詹妮弗的学生喜欢"阶梯"的比喻，但他们更喜欢英国教育家詹姆斯·诺丁汉（James Nottingham）的比喻：**"学习坑"**（learning pit）——非常重要的"努力坑"。

学习坑（詹姆斯·诺丁汉）[①]

[①] James Nottingham, *The Learning Challenge: How to Guide Your Students Through the Learning Pit to Achieve Deeper Understanding*（Thousand Oaks, CA: Corwin, 2017）.

詹妮弗让学生绘制出全班的"学习坑",结果如下图所示:

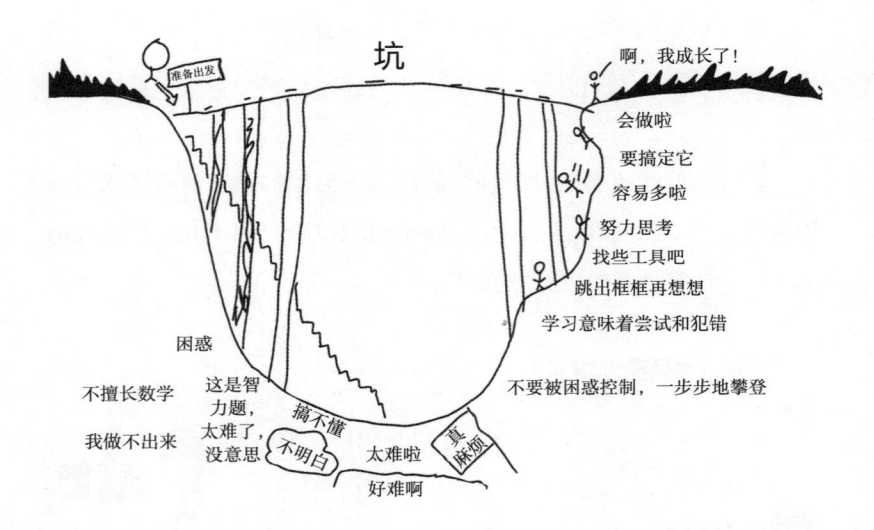

```
                              坑
    准备出发                                        啊,我成长了!
                                                  会做啦
                                                  要搞定它
                                                  容易多啦
                                                  努力思考
                                                  找些工具吧
                                                  跳出框框再想想
         困惑                                      学习意味着尝试和犯错
   不擅长数学  这是智                               不要被困惑控制,一步步地攀登
            力题,
   我做不出来  太难了, 搞不懂
            没意思        太难啦       真麻烦
                  不明白   好难啊
```

学生们写出了学习吃苦时的感受("困惑""不擅长数学""没意思"),我们每个人都有过这些感受。他们还写出了自己在"学习坑"里前行时的感受("不要被困惑控制""一步步地攀登"),以及其他的积极想法。詹妮弗会祝贺学生进入"学习坑",并告诉他们,她可以抓住他们的手,帮助他们直接跳过这个坑,但这样做对他们的学习和大脑生长没有帮助。

她告诉我,学生有时也会感到沮丧,对她说:"谢夫老师,我真的掉进坑里了!"

她回答说:"很好!你需要什么工具?"

这种回答有两个重要的特征:第一,詹妮弗对掉进坑里的学生表示祝贺——"很好!";第二,她没有直接给学生讲解答案,把问题分解为小步骤,只是问学生需要什么解决问题的资源。这位老师明白:吃苦很重要,应该鼓励学生吃苦,而不是帮助他们免于吃苦。

莉娅·哈沃斯是我采访的另一位教师。她对待吃苦的方式有所不同,但同等重要。她讲述了自己的故事,接着谈到了自己的教学方法。她的方法极大地影响了一个流着眼泪踏入校门的小学生。

莉娅本人上小学时也有过糟糕的体验。最初,她在英国上学。不幸的是,她和其他很多学生都被编入基础班,接收到的信息是,她不值得老师付出精力。难怪莉娅的自尊感很低。幸运的是,13岁时,她移居新西兰,那里的老师非常尽责,帮助她跟上学习进度。

从教之后,莉娅深感鼓励学生——特别是那些已经自暴自弃的学生——的重要性。凯利就是这样的一个学生。莉娅看见凯利哭泣,她明白这是因为凯利认为自己不是一个好学生。她还知道,凯利学习吃力的时候会变得特别焦虑。于是,莉娅决定作业很难的时候就帮助凯利,然后逐渐退出帮助。她还告诉凯利和其他学生,她上小学时自我感觉也不好,学不懂时也会哭泣。

那一年,莉娅逐渐增加凯利作业的难度,同时逐渐减少对她的帮助。结果凯利变了一个人,她变得更加自信,不再哭闹,脸上也开始有了笑容。莉娅回忆道:

真是不可思议，短短一年的时间，这个小女孩的变化就如此之大，不只是数学能力有了提高，她的整个思维观念都有了改变，并把这种思维方式运用于学习的其他方面。以前的她缺乏自信，不敢尝试任何有挑战性的数学题（哭泣、不愿参与讨论），现在的她愿意尝试任何数学题，甚至愿意和同学分享自己的错误想法。全班同学都有这种变化，但她的变化让我感到不可思议。此时，我会坐下来想：这就是我选择做老师的原因吧。

莉娅改变了自己的教学方法，鼓励学生培养成长型思维，鼓励学生吃苦，让很多学生都发生了巨变。改变教学方法前，莉娅的班上只有65%的学生能达到教材内容的标准。采用新的教学方法一年后，84%的学生都能达标。对我们辅导的教师而言，这种变化相当普遍。虽然我们的目标是让100%的学生都达标，不过，第一年的达标率就有84%，这是相当不错的成绩。莉娅取得这样的成绩，是因为她向所有学生（包括那些缺乏自信的学生）都传达了积极的观念，鼓励他们吃苦。

最初，我向学生和公众介绍犯错和吃苦的相关研究成果时，我的表述是："犯错可以让大脑生长。"我知道，这个简单而有力的观念会让全世界的很多学生都受益。不过，我也因此受到了批评，有人从字面上狭隘地理解"生长"一词，以为大脑会越长越大。我们非常清楚：犯错时，大脑神经通路的连通性会增强，容量和强度也会增加。现在，我依然坚持使用最初的表述，因为年龄很小的学生（幼儿园的学生）也需要接收这个信息。而且，生长有着多种不同的形式。在我看来，连通性增强、容量增加，也是非常重要的生长形式。

改变失败观

了解犯错的积极作用，可以帮助我们改变失败观，这是获得解锁和人生突围的重要组成部分。我自己也曾从"锁住状态"（害怕失败、怀疑自己）转变为"解锁状态"，这是一个需要持续努力的过程。

作为一名学者，我经历过许多次失败。为保证斯坦福大学youcubed中心运营、给中心的员工发工资、为教师和家长提供免费资料，我们必须多方寻求资助，但大多数时候都被拒绝。我向期刊投稿，经常被退稿，就算没有被退稿，也会有人批评、指责。有些批评者对我的论文嗤之以鼻，说它"不是论文，只是故事"。作为学者，如果不将"失败"视为自我提升的机会，那几乎是不可能坚持下去的。我的博士生导师保罗·布莱克教授曾告诉我："无论什么时候，只要向期刊投稿，都要想到论文被拒后再投给哪家期刊。"他的这个建议，我已经多次采用。

突破自我（特别是面对挑战和困境的时候）还有助于应付难缠的人。在今天这样的社交媒体时代，不管你说什么，肯定都会有人反对，有的还带有攻击性。我曾多次听到极端的、带有攻击性的反对的声音。现在，我知道，在这种时刻，我必须坚强，要看到积极的一面。我不会逃避挑战或是自责，我会想："要从中学习，用来提升自己。"

了解了大脑生长的知识后，克伦·高塞尔也学会采用同样的方法应对失败。现在的克伦是一名教师，也是一位母亲，但小时候的克伦，用她自己的话说，是一个"选择性哑巴"："与其说错，不如沉默。"克伦小时候一旦遇到学习困难，父母就允许她放弃。她放弃了自己觉得很难的垒球、钢琴以及其他活动。教师或父母也许会认为，最好让孩子放弃，免得吃苦。这看似是在帮助孩子，但结果可能会适得其反。

我还记得有一次参观雷尔赛德一所教学效果很好的中学，看见一名学生站在黑板前解题。她给全班同学讲解，突然停了下来，支支吾吾地说不知道该怎么往下解。全班同学都盯着她，教室里鸦雀无声。在我这个观摩者看来，这种局面似乎有些恐怖。但老师告诉她："不要坐回去，继续解题。"于是，小女孩就站在黑板前，努力思考，继续解那道题。

后来，回忆起那个时刻，小女孩说的话让我吃惊："老师没有放弃我。"班上的其他学生也持同样的看法:"老师逼我们做难题,说明老师相信我们。"这是我第一次看见师生良性的互动:老师逼学生迎难而上,学生认为是鼓励和信任。

克伦选择做老师,是因为她希望带给学生更好的学习体验。她成为一名杰出的教师,荣获橙县"年度优秀教师"奖。不久之后,她受邀担任橙县数学教练。正是在此期间,她经历了她所说的彻底失败。担任教练之初,克伦要求全县的教师都尝试新的教学方法,但他们不愿接受她的教学理念。她回忆说,担任教练10个星期后,她意识到自己的新角色失败了。她又回到了小时候的状态,心想:"唉,我不够优秀。我在骗谁呢?我不行。"

克伦讲起了那段艰难的日子。在一位朋友的帮助下,她找回了复原力和自信。正是在自我怀疑期间,克伦在读到犯错和大脑生长的相关研究后,才开始发生改变。她的原话是:

突然之间,我的观念全然改变了。好像是在说:"等一下。这是一个机会。我不要逃避,不要说'就这样吧,我完了'。"

这就是突破挑战的典型反应:挑战不会击败你,挑战是机会。

克伦的变化,部分是因为她意识到每个人,包括那些看似一辈子都未曾失败过的人,都曾失败过。其他人也会有她那些感受。现在,克伦可以坦然地回首那段艰难的时期,可以改变观念来面对失败和困难。她谈到了谷底和山巅的比喻，这个比喻让她重新认识自己：

> 身处谷底之时，犹如躲进漆黑的弯曲坑道，要保持接纳的心态，努力走出去。等到有一天你站在山巅回望，你会为此而感激。

克伦谈到，她的变化还包括将消极的自我对话变为积极的自我对话，想到事情好的一面。

克伦告诉我，发生转变、成功解锁之前，她教育子女的方式完全是自己童年的翻版，她会让自己的孩子放弃困难的事情。现在则完全不同。她回忆起一段"结束代际循环"的教育子女的经历：

> 我的儿子就是一个最好的例子。两年前，我开车送他去参加少年棒球联盟的最后一场比赛。他从未击出过本垒打，在去比赛的路上，他说："唉，这是我最后一场比赛。我想我永远不会打出本垒打了。"
>
> 我说："那你是怎么想的？你相信自己吗？"
>
> 他说："不知道。"
>
> 我说："踏上本垒板的时候，你就告诉自己'我……'，然

后加上其他词，什么都行，'我很强''我很优秀''我要打出本垒打'。"

他照做了。他做到了！他走向本垒板，我大声喊道："我……"他回头看了看我，好像是在说："妈妈，保持安静！"然后，他打出了本垒打。我激动地尖叫了起来！

克伦的解锁，对作为数学教练和母亲的她都很重要。最近，拥有成长型思维的克伦，申请并获得了一个更高的职位。现在，她是加州最大学区的课程专员。克伦说，知道接纳挑战的重要性之前，她绝对不会申请该职位。克伦花了几年的时间才成功解锁，而这一切都源于她学到了强调吃苦和犯错的脑科学知识。我们每个人都在成长的路上，都能获得解锁、拥抱挑战。而克伦达到的高度，是将失败视为机会。

如何应对失败，可以真正地体现出突围的特质。拥有成长型思维的人可以很好地应对艰难的挑战，很多时候会获得成功。但面对失败的时候，成长型思维会起什么作用呢？失败后能不屈不挠、继续前行的人，被击倒而能重新站起来的人，被人拒绝而能将其视为自己在做重要事情的积极信号的人，这些人才是真正突围成功的人。事情顺利之时，拥有自由感很容易；事情不顺，面临挑战或挑衅之时，突围才显得尤为重要。

在我看来，凯特·里奇就是这样的一个人。凯特从小就有很强的好奇心，但她的父母不看重好奇心，他们看重的是听话和顺从。因此，凯特觉得好奇心不好，开始质疑自己，认为自己不重要。由于父母的反对，凯特觉得必须压抑自己，远离真实的自我。这种感受是灾难性的，很多同性恋和变性者都有这种感受。凯特的自我"压抑"源于缺乏自信，谈起小时候的这种感受，凯特的描述是："觉得自己不聪明，又要努力证明自己聪明。"在整个中学和大学期间，她都担心自己"原形毕露"。

凯特的人生转折点，是参加地标教育机构（Landmark Education）的课程，从中学到了脑科学知识和各种应对方法。凯特知道了大脑边缘叶——史前时代人类进化出来的大脑区域——可保护人类远离剑齿虎等危险的动物。如今，我们不再需要担心转角处有野生动物攻击我们，但我们的大脑边缘叶仍然会发出这样的信号："不要做那个，不要尝试，不要冒险。"通过学习，凯特明白自己可以也应该抵制这些想法。她回忆说，该课程帮助她更加关注自己的感受和改变能力。她说，学习课程前，她时刻保持"高度警惕"，生怕别人揭穿她。我和很多人也都曾有过这种感受。课程学完后，凯特逐渐不再自我设限，用她的话说："大胆尝试，把人生当成实验。"

学完课程后不久，凯特看见一则招聘广告，当地一所大学正招聘传播学院院长助理。她说，放到以前，她是绝对不会考虑的。凯特决定申请该职位，后来被成功录取。凯特说，这次求职经历是她获得的第一份"人生实验数据":可以大胆尝试,肯定会成功。随着时间的推移,凯特不再恐惧,开始追求自己的人生梦想。主导她的,不再是恐惧,而是兴趣。

不过,凯特最近碰到了一个巨大的障碍:她已经升职为学院的学习发展专员,但只干了四个月,就被莫名其妙地解雇了。显然,她推广的那些重要的前沿性教育理念,学院还无法接受。

碰到这种情况,很多人都会崩溃,但凯特这些年来已经成功解锁,因而能够应对,将它视为机会,而不是失败。经过最初的震惊之后,凯特认定这份工作的结束,是更新和创造的新机会。她不再求职,而是自己创业。现在的她是一名教育规划师,联结学校和家长,代表学生同教师商谈。她说自己非常喜欢现在的工作。通过交谈,我发现很难不为凯特的变化而感到震惊!以前那个时常害怕"原形毕露"的小姑娘,如今已变成无所畏惧的女强人。

我们已经知道,**我们的大脑随时都在生长、改变。我们还知道,犯错和吃苦可以促进学习和大脑生长。这两把钥匙协同作用,可以帮助我们摆脱无处不在的"大脑固化"观念的桎梏。**一旦意识到自己可以学会任何东西、吃苦具有积极作用,人们就会改变学习的方式,会变得积极、愿意交流。他们不再认为自己必须无所不知,相反,他们会袒露自己的缺陷、分享不确定的想法。因此,参加会议时,他们愿意表达自己的想法,不再担心被人发现"知之甚少"。这种变化会带给人自由和解放。不管你是学生、教育者、父母还是管理者，"大脑可变"的科学知识以及挑战的益处，都可以为你带来革新性的改变。每个人都可以解锁自己。下一章，我们将分享解锁过程中令人意外的重要科学知识。

03

改变观念，改变现实

每把学习钥匙都很重要，但有的钥匙会让人意想不到。本章分享的，可能是最让人意想不到的钥匙。简言之，这把钥匙就是，改变自我观念，大脑和身体的功能也会改变。我会谈到学生改变自我观念后发生的巨大变化，不过在此之前，我要分享一些科学证据，它们表明：**改变自我观念，身体（肌肉和内脏器官）也会发生改变。**

学习钥匙 3 ：改变自我观念，身体和大脑也会发生改变。

观念与健康

为了研究观念对健康的影响,斯坦福大学研究人员艾莉亚·克拉姆(Alia Crum)和奥克塔维娅·扎赫特(Octavia Zahrt)历时21年,收集了61141名人员的资料。他们发现,在实际活动量相等的情况下,那些认为自己活动量较大的人,其健康状况好于那些认为自己活动量较小的人。后续跟踪研究期间,发现消极思维者与积极思维者的健康状况有着惊人的差异:消极思维者的死亡率,比那些认为自己活动量更大的积极思维者高71%。[1]

在另一项长期研究中,研究人员调查了50岁左右的成年人对衰老的感受。根据消极或积极的自我观念,他们被分成不同的小组。拥有积极思维观念的成年人,其平均寿命比那些观念消极者高7.5岁。排除初始健康状况和其他变量后,这一优势依然存在。[2] 另外一项研究调查了440名年龄18～49岁的成年人,结果发现:那些在研究之初消极看待衰老的人,随后38年内患有心脏病的概率明显更高。[3] 另一项针对年轻人(18～39岁)的研究发现,那些持消极观念的人,60岁后患有心脏病的概率成倍增加。[4]

艾莉亚·克拉姆和埃伦·兰格(Ellen Langer)做了一项有趣的实验。他们将宾馆的保洁员分成两个小组,对一组保洁员说她们的工作符合美国卫生部推荐的健康生活方式的标准,而另一小组没有被告知这一信息。两组保洁员的工作量没有变化。四周后，认为自己工作更有益健康的那组保洁员，与对照组相比，其体重、血压、体脂、腰臀比和体重指数均出现下降！这一结果表明，积极看待自己的活动量，有助于减轻体重、改善健康状况。[5] 研究人员发现，那组保洁员在研究开始之前并不知道自己的活动量足够，因此，得知自己的工作是健康的运动，这对她们产生了巨大的影响。思维观念的改变，引起了身体功能的改变。正如我们所知的，思维观念的改变会影响大脑的功能。

最新的研究还表明，学习乐器演奏时，即使没有肌肉训练或锻炼，精神能量依然可以增加肌肉力量，有助于提高演奏水平。研究人员训练演奏者不通过肌肉活动来增加肌肉力量，他们只是在心里想着活动肌肉。[6] 参与者被分为精神训练组和身体训练组。精神训练组想象自己的手指用力推某个东西，而身体训练组真正地用力推某个东西，以此增加手指肌肉的力量。该训练为期 12 周，每周 5 次，每次 15 分钟。结果表明：精神训练组的肌肉力量增加了 35%，身体训练组的肌肉力量增加了 53%。

肌肉没有活动也能增加力量，对此结果，研究人员的解释是："精神训练使得皮质输出信号增强，而该信号可以提高肌肉激活水平，从而增加肌肉力量。"该研究的结论是：对于身体和肌肉，精神具有显著的力量。我将这个研究结果告诉同事们，他们开玩笑说："太好啦，不必再去健身房，只要在心里想着健身就行了！"虽然是玩笑话，但部分是正确的。集中精神想象肌肉活动，大脑信号就会增强，肌肉力量也就会增加。

一项针对钢琴师的研究也获得了令人印象深刻的相似结果。[7] 研究人员招募专业钢琴师学习弹奏一首乐曲，其中一半钢琴师训练想象演奏，另一半钢琴师被训练实际演奏。研究结果表明：想象训练组的弹奏水平得到提高，几乎可与实际训练组相媲美；而且，与实际训练组一样，他们在弹奏速度、节奏和预判方面的能力都得到了同等提高。有学者指出，想象训练对钢琴演奏者有好处，因为这种训练可以避免手指过度活动引起的劳损。[8]

观念与冲突

毫不夸张地说，我的同事卡罗尔·德韦克的思维研究工作，已经改变了数百万人的生活。每个人对自己能力的看法都不相同，有些人认为自己可以学会任何东西，而有些人认为自己的智商是固定不变的，因而有些东西无法学会。卡罗尔的研究团队做了很多研究，均表明，自我观念非常重要。在分享改变观念如何提升成就之前，我想重点谈谈该研究团队所做的一些新研究：**人们能够摆脱冲突，变得更平和。**

第一次见到戴维·耶格尔，他还是斯坦福大学的一名博士生。现在，他是得克萨斯大学奥斯汀分校的心理学教授。他和卡罗尔·德韦克合作，对观念与冲突的关系做了重要研究。他们发现，拥有固定型思维的人（认为自己的能力和品质是静态的、不可改变的），面对冲突时，会产生强烈的攻击和报复冲动。然而，给予信息让他们改变自我观念后，报复冲动会逐渐减退。[9]

两位研究人员指出，拥有固定型思维的人，更具有攻击性，因为他们认为人是无法改变的（包括他们自己），任何失败经历都证明自己的弱点，因而自我感觉更为负面。拥有固定型思维的人，羞耻感更强，视对手为坏人，因而仇恨相向。

他们发现，拥有成长型思维的人，面对冲突时，仇恨感、羞耻感和攻击冲动都较弱。这是因为他们认为人是可以改变的。不过，拥有固定型思维的人，其攻击性并非不可改变，培养他们的成长型思维，他们就会更宽容、更愿意帮助别人改良行为方式。

在其他研究中，研究人员还发现，拥有成长型思维的人，种族偏见较弱。[10]人们一旦知道他人的思维观念并非不可改变、偏见可以消除，他们和其他种族群体的互动方式也就会改变。

这些新研究传达的重要信息是，固定型思维会影响生活的诸多方面。它们还表明，改变自我观念、相信人是会变的，人们就会更加包容，降低对他人的攻击性。科学研究还表明，改变自我观念，可以增强健康和幸福感。基于这些重要的发现，我们可能就不会对改变学习观念和潜能观念可以极大地提高学习成绩这一结论感到奇怪。

观念与学习

丽莎·布莱克威尔（Lisa Blackwell）、卡莉·崔斯里维斯基（Kali Trzesniewski）和卡罗尔·德韦克做了一项具有里程碑意义的研究，清楚地表明观念对学生成绩的影响。研究对象为七年级和八年级数学课上的学生。[11] 根据自我看法（自我观念）的不同，学生们被分为两组。两组学生在同一所学校上学，数学老师也相同。下图[①]表明：拥有积极自我观念的学生，数学成绩呈上升趋势；拥有固定型思维的学生，成绩稳中有降。许多其他研究也得出同样的结果，证明观念很重要——对任何年龄的人都很重要。

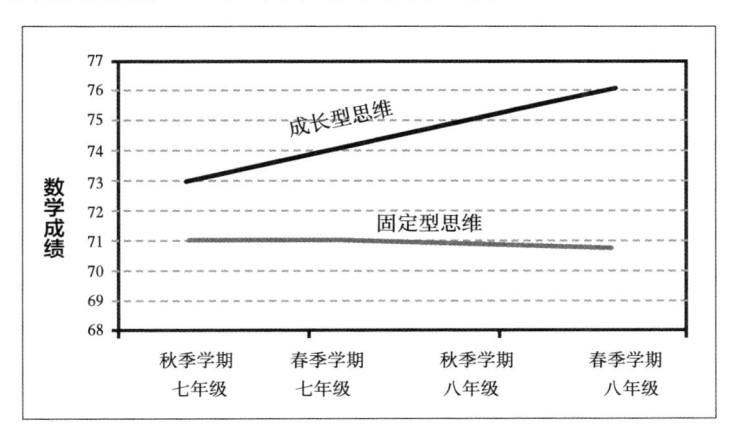

```
数学成绩
77
76
75       成长型思维
74
73
72       固定型思维
71
70
69
68
   秋季学期  春季学期  秋季学期  春季学期
   七年级    七年级    八年级    八年级
```

---

① L. S. Blackwell, K. H. Trzesniewski, and C. S. Dweck, "Implicit Theories of Intelligence Predict Achievement Across an Adolescent Transition: A Longitudinal Study and an Intervention," *Child Development* 78/1（2007）: 246-263.

上一章提到的杰森·莫泽及其同事所做的那项研究，表明犯错可以激发大脑的活性，促进大脑生长。[12]该研究还强调指出：拥有成长型思维的人，犯错时大脑的活性明显强于拥有固定型思维的人。研究团队绘制的大脑电压图（表明活跃程度或热度的图）显示：与思维固化者相比，成长型思维者的大脑在电压图上呈橙色，仿佛因为生长而在燃烧。这个研究结论告诉我们极为重要的信息：**人的自我观念确实可以改变大脑的功能。**

多年以来，人们一直认为，人的情感和认知是相互分离的。但事实并非如此，两者其实是紧密相连的。犯错时，那些相信自己潜能的人，其大脑的活跃程度明显高于那些不相信自己潜能的人。

这一发现对每个人都具有重要的价值。面对挑战，即使失败，但如果你相信自己，你的大脑也会做出更为积极的反应；如果你觉得自己不行，大脑就不会做出积极的反应。如果明白了这一点，我们面对职场困境或家庭难题时就会相信自己，勇敢面对。积极地面对困难，与自我怀疑相比，大脑在我们犯错时的复原力和适应力会更强。改变观念，可以改变大脑的物理结构，为高级思维和创造性解决问题提供神经通路。认为自己的工作有益健康的人会变得更健康。同样，认为自己的学习效率更高的人，学习成绩也会更高。

莫泽的研究结果也有助于理解布莱克威尔、崔斯里维斯基和德韦克绘制的那张图。该图表明，拥有成长型思维的学生，学习成绩呈上升的趋势。如果我们知道拥有成长型思维的学生每次犯错时大脑活性都会增强，那他们的学习成绩呈上升趋势也就不足为怪了。该研究结果也解释了差生的学习成绩为何糟糕：很多学生认为，他们生来就不适合学习某些学科。现在，我们已经明白，有些人生来就是"学数学的料儿"，其他人不是，这种看法是一个有害的观念。

改变观念

现有的大量证据表明，学生的成绩有进步，与他们相信自己的学习潜能、抛弃"成绩基因决定论"具有相关性。因此，我们必须为学生、孩子和同事创造机会，让他们培养成长型思维，明白不同思维观念产生的原因。德韦克的一项研究表明，儿童的自我观念在3岁时就已形成，这取决于父母的表扬方式。德韦克及其同事通过研究发现，14～38个月大的儿童受到表扬的方式，可以帮助我们预知其七八岁时会有什么样的自我观念。[13]父母灌输"能力固化论"的表扬是有害的。表扬孩子很聪明，他们马上会认为自己很棒，但一旦遇到失败，他们就会认定自己并不聪明，而且会不断地对照"能力固化论"进行自我评估。

德韦克的另一项研究表明，"聪明"一词会带来直接的影响。两组学生被要求完成一项挑战性任务。任务完成后，表扬一组学生

"真聪明",表扬另一组学生"真努力"。然后,让两组学生从两项后续任务中进行选择:一项任务被描述为"容易",另一项被描述为"有挑战性"。被表扬"努力"的学生中,90%选择了有挑战性的任务,而被表扬"聪明"的学生,绝大多数都选择了容易的任务。[14] 表扬学生聪明,他们就想保住这个标签。他们认为选择容易的后续任务,就可以继续显得"聪明"。

学生放弃数学、科学等具有挑战性的课程,往往就是这种思维观念在作祟。美国学校系统中拥有固定型思维的最大群体是成绩优异的女生。德韦克及其同事通过另一项研究发现,最容易放弃数学和科学学科的女生,是那些拥有固定型思维的女生。该研究是在哥伦比亚大学数学系进行的,研究人员发现这里依然普遍存在着刻板观念:女生不属于数学系。拥有成长型思维的女生会拒绝这个信息,继续学习数学,而那些拥有固定型思维的女生则退出了STEM课程的学习。[15]

那么,如何培养成长型思维呢?这需要一个过程,它不是电源开关,摁下开关立即就会有变化。但是,思维观念是可以改变的。大量研究表明,本书前两章分享的那些关于大脑生长和可塑性的证据,有助于人们改变思维观念。同时,这也是我的课堂教学和教师研讨班的经验之谈。只要学习脑科学知识,大脑就会开始生长和变化。这一点,我在学生身上看见过,也从世界各地的教师口中听到过。此外,它也得到了科学证据的支持。

如果学生知道大脑就像是肌肉，努力锻炼就可以生长，他们的成绩就会提高。在一项重要的研究中，研究人员做了一个实验，将参加研讨课的七年级学生分为两组，一组讲解学习技巧，另一组传授大脑生长和思维观念的科学知识。[16] 结果如下图①所示：整个七年级一学年，开始时，学生的总体成绩呈下降趋势，但接受思维观念训练的那组学生（实验组）的成绩反弹回升。

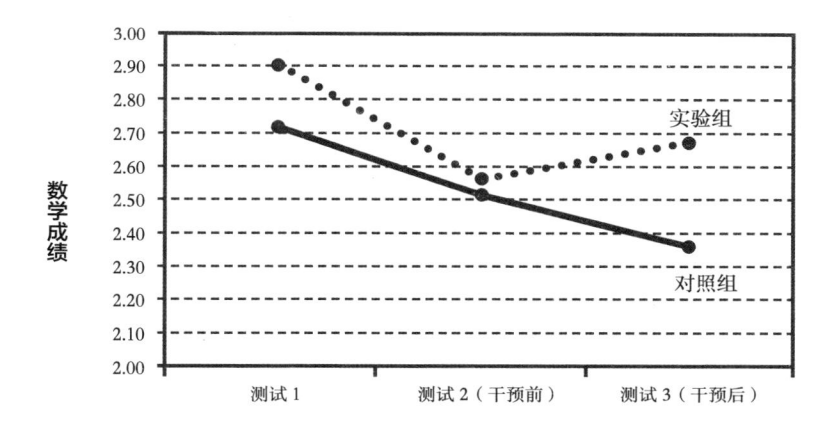

我和凯茜·威廉姆斯创办斯坦福大学 youcubed 中心的初衷，就是让学生了解大脑生长和思维观念的科学证据。为写作本书，我们做了访谈性研究，62 名受访的成年人都说自己的观念发生了变化。这清楚

---

① L. S. Blackwell, K. H. Trzesniewski, and C. S. Dweck, "Implicit Theories of Intelligence Predict Achievement Across an Adolescent Transition: A Longitudinal Study and an Intervention," *Child Development* 78/1（2007）: 246-263.

地表明，任何年龄的人都可以改变思维观念。我们的访谈研究还表明，他们如何受到固定型思维的桎梏，如何被成长型思维解锁。

马瑞伊芙·加涅是加拿大的一名教师，从小说法语。同许多人一样，她也认为自己不够优秀，学不了 STEM 学科。有意思的是，尽管她在学校就读的是高级班，但她仍然拥有这种有害的观念。她觉得自己不够优秀，是因为自己的成绩在班上不是名列前茅。这告诉我们，有害的观念的影响有多大，连高级班的学生都因为成绩没有名列前茅而认为自己不够优秀。

我们制作了关于"天才"标签有害性的影片，出境的斯坦福大学本科生乔迪说，她认为自己无法继续读工程学，因为她"在数学课和化学课上都不是最优秀的学生"。正是因为这种同伴比较，学生（怀着学习渴望来到学校）才会轻易地认定自己不够优秀。由此，学生拥有的可能性会逐渐减少。正是因为有大脑固化思维，才导致出现了这些僵化观念和无益的比较。

学生接受同伴比较的观念，与知道努力的价值，两者同等重要。我曾和各个年龄段的学生有过多次交谈，他们坚持认为大脑是固定不变的，因为有些学生似乎接受速度更快，学习某些学科具有"天赋"。但他们不知道的是，大脑每天都在生长、变化，大脑随时都有生长和提升的机会。只不过，有些人的神经通路是在不同的时间得到增强。学生要明白，他们随时都可以增强大脑神经通路，只要采用正确的学习方法，他们完全可以赶上其他学生。

畅销书《坚毅》(*Grit*)[17]的作者安杰拉·达克沃思（Angela Duckworth）通过戴维的经历证明了这一点。戴维是她代数课上的一名学生，就读于旧金山洛威尔中学的普通班。显然，普通班的学生是无法接触到高阶课程的。戴维非常用功，所有的评价测试成绩都很好。于是，安杰拉安排他进入高级班。戴维的转班并不顺利，刚进入高级班时，他的各科成绩都是D。但戴维将其看作找出自己错误所在，努力提高成绩的机会。

上高三时，戴维选择了难度很高的微积分，并在大学预修课程考试（AP）中获得了5分（满分）。高中毕业后，他进入斯沃斯莫尔学院学习工程学。现在的他是一名航空工程师。如果戴维当初被编入普通班时就选择了放弃，如果他没有遇见一位想办法帮助他转入高级班的老师，那一切都会完全不同。其他很多学生没有获得这样的机会，最终成为低成就者，因为他们没有机会学习高阶内容，或者因为他们认为自己不会成功。

如果有学生因为落后于他人而感到绝望或者抱怨自己理解不了某个东西时，卡罗尔·德韦克就会鼓励他们说："暂时的。"我请成年人用图像呈现某个概念时，经常听见他们说："我的绘画水平很糟糕。"我告诉他们："你的意思是，你暂时画不好。"这似乎只是一个很小的语言变化，但它非常重要。它将人们关注的焦点，从自认为的个人缺陷转向学习过程。

同样重要的是，第一堂课，教师就要和学生分享大脑生长的知识，要告诉他们，虽然他们各不相同，但所有人都可以学会课程内容，高效学习部分是源于他们的思维观念。这个信息会让学生如释重负。它与前面那位老师所传达的信息——"这个课，只有几个学生可以学会。"——完全相反。第1章提及的那项研究表明，教授认为学生要有天赋才能学好的那些学科，女性和有色人种学生的比例都较低。出现这样的结果，部分原因是教授相信天才论，向学生灌输这样的信息：只有某些学生会成功。灌输这种观念后，真的就只有某些学生成功了。

作为父母的我们，不难观察到同伴比较的有害性，因此，要通过有助于降低其伤害的方式同孩子交谈。兄弟姐妹之间经常会相互比较，很多孩子对自己的潜能产生负面观念，是因为他们认为自己的兄弟姐妹学东西更快。基于所谓基因天赋的同伴比较尤其有害，孩子认为自己的同学或兄弟姐妹生来脑子就聪明，并认为聪明的大脑更有优势，因而就会丧失斗志。我们要让孩子将同伴或兄弟姐妹的能力看作挑战和机会，坚信"他们能做到的，我也能做到"。

学生一旦明白大脑是可以生长的，他们就会意识到至关重要的一点：不管现在的成绩如何，都是可以提高的，自己可以变得更优秀。一项针对中学新生的研究证明了这一点。第一学期，68%的学生成绩下降，他们说自己倍感压力（说等级评分是有害的）。[18]而那些拥有成长型思维的学生更容易将挫折看作暂时性的，压力相对较小。[19]这是能讲得通的，因为拥有固定型思维的学生，成绩一旦不理想，他们就把它视为自己"没有适合的大脑"的证据。

马瑞伊芙不是高级班的尖子生，因而就觉得自己无法学习STEM课程。成年之后，她了解到大脑的可塑性，培养起突围的思维观念。后来，她在社交媒体上找到了与她志同道合的教师社区，和同学们分享积极观念和大脑生长的知识。加入推特后，她惊讶地发现里面有那么多有益的信息。采访中，她告诉我说："唉，这些年我都在干吗？"

她为学生和自己的潜能倍感激动，甚至在身上文了数字文身。现在，她给那些没有获得文凭的成年人上中学数学课，她给予的科学信息和鼓励，让这些人大为受益。和马瑞伊芙交谈，听她兴奋地谈论学习，不禁让我反思：这位优秀的教师如果没有读到神经学知识，没有意识到自己曾经深信的那些观念（没有"适合的脑子"）是错误的，那她永远也不会回归数学的道路。

改变和突围过程，就是抛弃这样的观念的过程。你过去失败，是因为自己有问题。同样重要的改变，是要意识到自己不必活得像个"专家"，你可以面对挑战，骄傲地分享不确定的答案。杰西·梅尔加雷斯告诉我，他获得解锁后就经历了上述两大改变。现在，杰西在洛杉矶东部一所学校担任校长助理，但几年前，身为数学教师的他，用他的话说，总是感到"局促不安"，认为自己懂得不多、无法改变。担任校长助理后，杰西需要指导数学教师，但他担心其他老师会发现他是一个冒牌货：

说实话，如果有人问我数学问题，我会感到巨大的压力，瞬间蒙掉……非常难受，仿佛要窒息。每天早上醒来，我都会担心：“今天会有人问我答不上来的数学题吗？他们会发现我是冒牌货吗？”

杰西所说的压力感和被问到答不上来的问题的恐惧感，很多人都会有，不管他处于何种情境，从事何种工作。我希望本书能够帮助人们消除这些感受。而杰西的改变，开始于他选修了我的一门在线课程。他意识到，从幼儿园到中学，再到做数学老师，他接收到的信息都是错误的。

杰西突围的第一步，是意识到他过去学习有问题，并不是因为自身的某种缺陷，而是因为教育体制存在缺陷。这种观念的转变，我在其他人身上也见到过。对于那些有过糟糕学习体验的人，这种转变至关重要。参加数学夏令营的学生，入营前的成绩不好，都有过糟糕的学习体验，他们过去认为自己数学不好是因为自己有问题。但他们逐渐明白自己成绩不好是因为教育体制的问题，由此，他们与数学的关系开始改变。杰西整个人发生改变，也是因为同样的认知。

杰西不但开始喜欢数学，还开启了发现数学梦想的崭新"旅途"。他不再认为自己是数学失败者，而是将它视为令人兴奋的挑战。现在的杰西是 25 所学校的数学指导，对一个过去想到数学就恐惧的人来说，这是多么巨大的改变。得益于脑科学的新知识，他转变了自己的观念和思维，变得更加自信。杰西现在还会碰到答不上来的数学问题，但他不再感到恐惧，而是会想："好吧，我不知道答案，不过，我会解决的。这是一个挑战。"成功解锁的人都会有这种观念转变。一旦转变观念，明白努力的积极作用，人们就会采取新的、更为积极的办法面对挑战和不确定性。他们不再有做专家的想法，取而代之的是好奇心和与人合作的渴望。

改变自我观念的一大障碍，是自我怀疑。瑞典心理学家安德斯·艾利克森指出，自我怀疑（尤其是不知道如何前进的时候）是人生的正常组成部分。不自然的，是"真正的'急停'障碍，是无法避开、越过或熬过的障碍"。[20] 在其整个研究生涯中，艾利克森发现，几乎没有任何东西可以真正限制一个人获得成就，人们获得的成就有限，是因为他们选择了放弃、停止了尝试。

最近，我观看了最喜欢的电视剧《国务卿女士》(*Madam Secretary*)，讲述的是美国国务卿（由蒂娅·里欧妮扮演）及其幕僚的活动。该剧对国务卿处理全球事务的刻画很有吸引力，但真正吸引我的，是她解决问题的积极思维。有一集讲述了一场虚构的、可能导致贝克人群体性死亡的西非危机。国务卿及其幕僚要想办法阻止这场迫在眉睫的种族屠杀。经过一天的艰苦努力，却以失败告终。首席政策顾问杰伊转向国务卿，说道："我们毫无办法了。"

听到这句消极的话（固然可以理解），很多人可能都会同意，然后瘫坐在椅子上，选择放弃。然而，国务卿盯着杰伊的眼睛说："我不接受这个说法。"她做出的反应是激励团队，最终找到创造性方法解决了危机。国务卿激励团队的积极语言和思维（即使是虚构的电视剧）提醒我：管理者为同事做成长型思维榜样是何等重要。

在一次访谈中我听到一个感人的故事：加州中央山谷一位果园主几句简单的话，为一个在此打工的男孩创造了新生。后来，男孩通过自己的工作又改变了很多人的人生。这个男孩名叫丹尼尔·罗查，现在的他是中央山谷学区的课程教练。如果不是因为丹尼尔高三暑假在此打工时果园主对他说的那几句话，那他永远不会担任如此有声望的重要职位。

丹尼尔告诉我，他的父亲是果园的一名工人。每到暑假和寒假，其他学生都在休假时，他都要去果园和父亲一起打工。高三那个暑假，丹尼尔想要一双乔丹运动鞋，他打算用打工赚到的钱购买。那个暑假，他没想到工作会那么辛苦，以前从未有过，于是他很快就觉得运动鞋不值得如此辛苦了。不过，丹尼尔这个艰苦的暑假最有价值的收获，是改变他人生的几句话。

我们正在地里劳作，突然，我发现果园主走了过来。我的父亲是工长，因此，果园主过来和他交谈了起来。他说："嘿，罗查，他是谁？那个男孩？"

父亲用蹩脚的英语回答道:"他是我的儿子。"

"哦。那你的儿子有作业吗?"果园主问。

"是的,当然有作业。"父亲回答。

果园主对父亲嘟囔着什么,但我不想朝那边看,我不想把注意力引向自己。随后我知道的,是我站在梯子顶端,胸前抱着一筐四五十磅①重的水果,努力保持平衡。突然,梯子开始晃动,我快要失去平衡了。我朝下看,原来是果园主在摇晃梯子。

他生气地冲我喊道:"你在这里干吗?"

我紧张地回答说:"我在努力工作。"

果园主继续喊道:"你必须离开我的果园!我不想再看见你在这里!这是我最后一次看见你在果园里。明年,你最好去上大学,我不想看见你还在这里!"

我感到震撼,内心极大地震撼。就在那天,在我们开车回家的路上,父亲转过头来问我:"你想在果园打工,还是想上大学?"

"当然想上大学。"我回答。

父亲心情沉重地说道:"那你得自己想办法,我帮不上忙。我不知道怎么帮你,我帮不上忙。所以,你要自己想办法。"

开学后,我去找老师,他正在帮助其他学生填写助学金申

---

① 1磅≈0.4536千克。

083

请表。我走过去，对老师说："我需要帮助。"由此，我走到了今天。

果园主摇晃梯子，对丹尼尔来说是一件幸运的事情，因为他从未听人说过自己应该上大学。最近，父亲去看望他。丹尼尔刚下班，还穿着西装，打着领带。他的父亲望着他说："看看现在的你！"然后变得情绪激动，他知道丹尼尔的人生有多么成功。起初，丹尼尔是一位优秀的教师，后来担任课程指导和教练。他随时都告诉学生，他相信他们。他的亲身经历告诉他，这句话对学生有多重要。丹尼尔不但告诉学生一切皆有可能，还帮助学生相信一切皆有可能。

科学研究正在告诉我们，几年前有些人根本不会相信：积极地看待自己的能力，大脑和身体功能就会改变，也会获得更为积极的成就。通过本章的阅读，我们已经知道相关的研究，读到因为几句激励之语而发生巨大改变的人生故事。自我观念的改变，正是源于激励之语：宾馆的保洁员被告知，他们的工作有益于健康；丹尼尔被告知，他应该去上大学。因为几句话，他们改变了对自己的身体、对自己这辈子能做什么的观念，进而改变了自己的身体和人生。每个人都可以做出这样的改变。改变思维观念，我们就可以改变自己的人生。鼓励人们培养积极的思维观念，学习大脑生长和变化的知识，可以给他人的人生带来改变。

最近，我和卡罗尔·德韦克受邀为访问斯坦福大学的澳大利亚客人做演讲。攀谈之中,卡罗尔告诉我,她对思维观念的作用机制有两点新的理解。研究初期,她认为人们要么有成长型思维,要么有固定型思维,但现在她意识到每个人的思维观念都可以因时因地而变化。拥有固定型思维的时候,我们要勇敢承认,甚至可以给它取个名字。

那天,她讲起自己辅导过的一位业务团队的经理。他决定给自己的固定型思维取名为"杜恩"。他说:"我每次陷入困境,杜恩都会出现。因为他,我对每个人都吹毛求疵,变得专横跋扈、求全责备,而不是给予他们支持和鼓励。"他的一位女下属接着说道:"没错,你的杜恩一出现,我的'伊安娜'也咆哮起来。伊安娜会对你的那位男子汉做出反应,让我觉得自己很无能。所以,你的杜恩引出了我的伊安娜,让我变得畏首畏尾、充满焦虑,而这又会激怒你的杜恩。"[21]卡罗尔说,一定要同自己的不同思维人格保持交流,因为越能留意自己的固定型思维,就越能接纳它,然后警告它停止。

卡罗尔同我分享的另一点新理解是:虚假成长型思维[22]是有害的——完全是对成长型思维的曲解。她解释道,所谓的"虚假成长型思维",就是告诉学生只需要加倍努力,即使他们失败,也要表扬他们的努力。她说,这样做只会适得其反,因为学生很清楚这种表扬是"安慰奖"。相反,教师应该表扬学生的学习过程。如果学生没有进步,就要帮助他们找到新的学习策略和方法。关键是,表扬要与带来进步的努力相关。学生可能最终没有解出某道数学题,但教师可以表扬说,他的部分思维方法是正确的,或者他努力思考出的结果对后续解题是有用的。

教师对学生拥有巨大的影响力。前面的许多访谈告诉我们，教师可以改变学生的人生道路。教师如果告诉学生，"老师相信你们，欣赏你们的努力和犯错，尊重你们的不同思维方式和人生道路"，此时，教师就是在影响学生。父母尊重子女的人生道路，解锁子女的潜能，也是在发挥相似的作用。

事实证明，大脑和身体具有不可思议的适应能力。教师、家长、教练、管理者、学生以及其他学习者如果明白这一点，就会变得更加强大。本书209页和210页为教师和家长提供了多种免费学习资源，包括适合各年龄段学习者的讲解重要脑科学知识的视频，以及招贴画、课程、任务和文章。

现在，已有大量科学研究证明，大脑和身体是可以改变的，必须质疑"天才"和"天赋"观念。一旦我们知道大脑潜能无限、人的成就无限，那我们对人类潜能的看法就会完全改变。但是，如果不借助神经学新发现（下一章的讨论内容）改变学习方法，我们就不会意识到这些信息对大脑生长和思维观念改变具有多大的作用。改变自我观念，并结合学习知识的新方法，效果会更好。

04
大脑的连通

对待人生，必须有成长型思维。要知道，成功就在努力的彼岸，没有什么是遥不可及的。至此，我们已经明白成长型思维的重要性。然而，人生突围还有一个我们尚不清楚的重要方面，它对保持人生道路的开放性至关重要。它会让我们换个角度，更动态化地处理碰到的问题，既包括学习问题，也包括人生的其他问题。

学习钥匙4

多维度地思考问题，
神经通路和学习就会达到最佳状态。

我们已经对思维观念和相信自己的必要性给予了应有的关注，但说到学习，只告诉学生要有成长型思维，还不足以抵消我们文化中的那些负面信息。卡罗尔·德韦克在书中写道："我们不但要告诉学生改变思维观念，还要告诉他们改变学习方法。有了这些方法，他们才可以学得更好。"她说，让她夜不能寐的是，老师告诉学生要努力，成功完全在于勤奋，却没有交给他们提高学习效率的工具。正如她所言："勤奋是学生成功的关键，但并非唯一的因素。学生需要尝试新的学习策略，遇到'瓶颈'时，要向他人求教。"

对于这种倾向，著名教育作家艾尔菲·科恩（Alfie Kohn）提出了批评。他说："只要求学生改变（告诉他们要更加努力），却不改变教育体制，这是不公平的。"[1] 我完全同意他的看法。多年来，我明白了重要的一点：要让学生培养成长型思维，教师就必须采取成长性的教学方式，让学生通过多种方式学习教学内容，从而让他们看见自己内在的成长潜能。采用固定性的僵化教学方式（问题只有一个答案、一种解法），学生是很难培养起成长型思维的。

那么，教师、家长和管理者应该采用什么样的教学方式，才能更好地传达和支撑大脑生长与学习相关的信息呢？答案就是：**多维度教学法**。这个方法既是斯坦福大学神经学研究的最新成果，也是从幼儿园到大学各种教学经验的总结。

在斯坦福大学，我和神经学家会开展合作研究，特别是维诺德·梅农（Vinod Menon）领导的研究团队。youcubed 中心同梅农实验室的神经科学家陈朗（Lang Chen）定期开展合作研究。他们研究了大脑交互网络，重点研究大脑解决数学题的工作机制。他们发现，即使是最简单的算术题，也需要五个不同的脑区参与，包括两条视觉通路。[2]背侧视觉通路是处理数量信息的主要脑区。

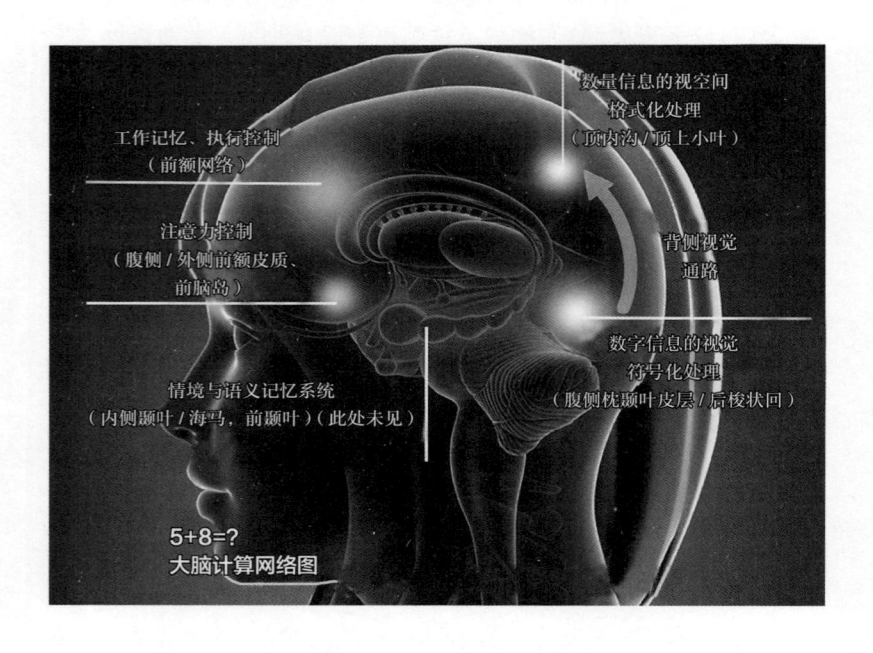

数量信息的视空间
格式化处理
（顶内沟/顶上小叶）

工作记忆、执行控制
（前额网络）

注意力控制
（腹侧/外侧前额皮质、
前脑岛）

背侧视觉
通路

数字信息的视觉
符号化处理
（腹侧枕颞叶皮层/后梭状回）

情境与语义记忆系统
（内侧颞叶/海马，前颞叶）（此处未见）

5+8=?
大脑计算网络图

　　神经学家们还发现，不同脑区如果相互连通，可以提升学习效果。2013年，科学家朴俊九（Joon-koo Park）和伊丽莎白·布兰农（Elizabeth Brannon）发表的一份研究报告指出：数字等符号信息的处理，同圆点阵列等视觉和空间信息的处理，两者调动的脑区是不同的。[3]两位研究人员还发现,这两个脑区连通后,数学学习的效果最佳。学习数学概念,可以借助数字,也可以借助文字、图形、模型、算法、图表、动作、触觉以及其他的呈现方式。但如果我们借助两种以上的学习方式,并连通相应的脑区,就会获得最佳的学习体验。这一点,直到最近才被发现,尚未被运用于教育实践。

研究人员选择数学来研究不同脑区的相互作用,但研究结果同样适用于其他所有学科。学习新知识需要不同的神经通路,如注意力、记忆、推理、联系、视觉化。多角度思考新知识,以此激发所有的神经通路,大脑的功能就会增强,学习效果就会最佳。

关于手指的意外发现

大脑对数学学习的处理方式,相关的最新研究结果有时让人感到意外,例如有研究表明,手指对理解数学具有重要的作用。哈里亚·贝尔泰莱迪(Haria Berteletti)和詹姆斯·R.布思(James R. Booth)分析了专门负责手指知觉和感应的大脑区域(手指体觉区),结果发现:8~13岁的学生做复杂的减法计算时,他们的手指体觉区会被激活,即使他们并没有动用手指计算。[4]真是不可思议,即使不动用手指计算,也可以"看见"大脑中的手指感应。根据他们的研究，计算越复杂、数字越大、步骤越多，手指感应区就越活跃。

研究证明了手指与数学思维的关系，于是，神经学家开始重点研究"手指知觉"——感知自己的各个手指。有一项手指知觉测试是，把你的一只手藏在书下或桌子下，让另一个人来触摸你的指尖。手指知觉好的人，很容易分清被触摸的是哪个手指。另一项更有挑战性的手指知觉测试是，触摸手指的两个不同部位——指尖和指中。关于手指知觉，还有一些非常有趣的发现：

·大学生手指知觉的灵敏度，可以预测他们计算考试的成绩。[5]

·与考试成绩相比，一年级学生的手指知觉灵敏度可以更准确地预测其二年级时的数学成绩。[6]

·音乐家的数学成绩较好（人们早已注意到了这个相关性），如今被认为是因为他们有机会提升手指知觉。[7]

神经学家指出，**应该让儿童用手指计算，借此开发大脑的手指体觉区**。尽管我们已经知道手指的重要性，但很多学校和教师并不鼓励学生用手指计算，指算往往被视为幼稚的行为。我一直在通过报纸、媒体和期刊文章广泛地传播这种神经学新知识，努力改变局面。此外，我正在同一个由神经学家、工程师和教育家组成的研究小组合作开发小型机器人，来帮助儿童开发手指知觉。有关大脑工作机制的最新研究结果表明，大多数教学机构沿用至今的那些教学方式必须改变，让教学变得更有身体参与性、更多维度、更有创造性。

天才们又如何呢？

科学家一直致力于研究有人为何会成为高成就者，发现了一些关于大脑连通的有趣事实。有些人的成就斐然，在音乐或科学领域做出了卓越的贡献（比如莫扎特、居里夫人、爱因斯坦），他们通常被认定为"天才"。然而，安德斯·艾利克森和丹尼尔·科伊尔等人的研究却发现，这些超级成就者取得了伟大的成就，是因为他们多年的执着与勤奋。

针对莫扎特具有特殊天赋的观点，艾利克森认为，莫扎特取得的音乐成就，源于其从小就进行的那些训练活动。他指出，人们都知道莫扎特拥有所谓"绝对音感"。这似乎是"天赋异禀"的绝佳例子，因为"正常情况下"拥有绝对音感的人是万里挑一的。但是，仔细分析莫扎特的成长经历，我们就会发现，他从3岁开始进行的那些训练活动，培养了他的绝对音感。[8]

日本心理学家榊原彩子（Ayako Sakakibara）发表了一项研究报告《训练24名学生培养绝对音感》。孩子们通过彩旗识别和弦，对他们不停地进行训练,直到他们完全识别出所有的和弦。结果,所有学生都具有了绝对音感。[9] 这个例子清楚地表明,人们所说的"天才",其实是源于某种特定的学习法——能够调动学生多条神经通路的学习法。而在这个例子中,就是连通视觉和听觉的学习法。

说到天才,大多数人可能都会想到爱因斯坦。他容许自己犯错,拥有特别高效的学习法。我非常喜欢爱因斯坦的一些名言,包括:

> 从未犯错的人,肯定也从未尝试新的东西。
> 不是因为我聪明,我只是和问题相处的时间更久。
> 我并没有特别的天赋,我只是拥有激情和好奇心。
> 机会蕴藏在困难之中。

爱因斯坦的这些名言清楚地表明,他拥有成长型思维,尽管他生活的时代还没有这个概念。爱因斯坦谈到了努力、执着、好奇心、犯错、拒绝僵化的天赋观。

爱因斯坦还将自己的想法视觉化。他说,他所有的想法都是视觉化的,然后才努力将视觉化的想法转变为文字和符号。[10] 爱因斯坦对科学产生了深远而持久的影响,难怪人们认为他是"天才"。他没有现代的工具和技术,但通过自己的思考推测出相互围绕、旋转的黑洞会造成时空涟漪。一百年后,借助《国家地理杂志》所说的"超级计算能力",我们才证明他的推测是正确的。虽然爱因斯坦取得了卓越的成就，但他指出，这不是因为他拥有某种天赋或特别的才华，而是因为执着、勤奋和视觉化学习法。爱因斯坦没有对学习和人生设限，这对他的研究起到了积极的作用。

《国家地理杂志》最近发表了一篇题为《天才是如何诞生的？》的文章，研究人员分析了爱因斯坦的大脑（放置于费城的穆特博物馆的46个显微镜载玻片上）的某些特质。[11] 很多参观者盯着爱因斯坦的大脑，并没有发现有任何特别之处。

来自"想象力研究所"，由斯科特·巴里·考夫曼（Scott Barry Kaufman）领导的一个研究小组，采用不同的方法对在世的超级成就者的大脑进行了研究。他们的发现很有意思：这些天才虽然来自不同的领域，但其大脑都有相同的特别之处——不同脑区的连通更活跃、左右半脑的连通性更强、思维更灵活。[12] 这些"天才"的大脑的连通特性，并不是与生俱来的，而是通过学习开发的。

促进大脑连通的方法

在学校，老师通常会发给学生习题单，让他们做一长串几乎雷同的习题（数学课经常如此）。这种做法，会让学生错失增强大脑通路、促进大脑连通的机会。更好的做法是给学生布置少量的习题

（3~4道题），让他们用不同的方法解题。例如，数学课上，学习任何内容，都可以提出以下问题：

・你能通过数字计算解出这道题吗？
・你能通过颜色编码将视觉和数字联系起来解这道题吗？
・你能编个故事来体现这道题吗？
・你能想出其他方式来呈现这个概念吗？画图？涂鸦？物体？运动形式？

鼓励学生采用多维度学习法，一种方式是我的同事、youcubed中心主任凯茜·威廉姆斯所说的"钻石纸片"（diamond paper）。它就是一张普通白纸，折成如下形状：

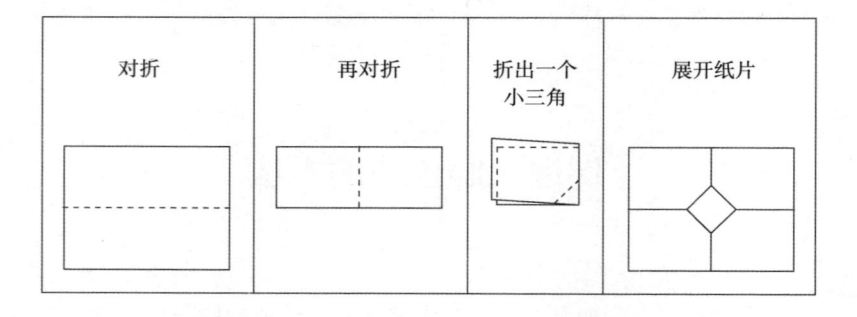

对折	再对折	折出一个小三角	展开纸片

我们建议教师将数学题目写在"钻石纸片"的中央，让学生根据上述问题，在四个象限内写出不同的解法。因此，不要使用除法

习题单（见上图），要采用下面菱形纸片来计算 50÷8（见下图）。

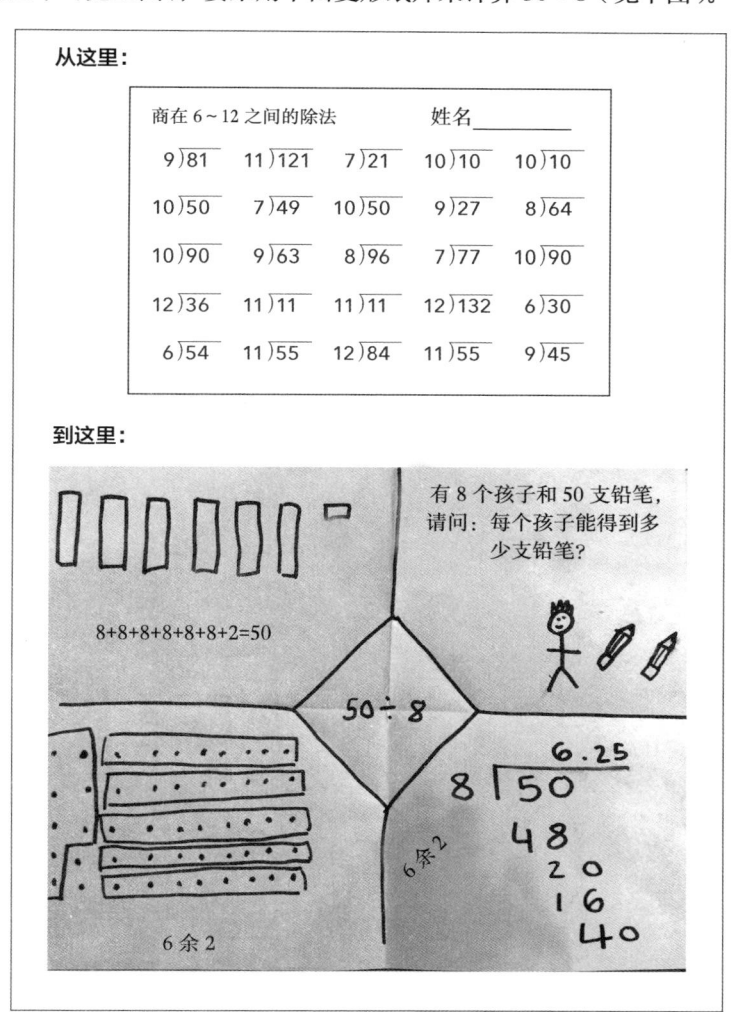

从这里：

商在 6~12 之间的除法			姓名_____	
9)81	11)121	7)21	10)10	10)10
10)50	7)49	10)50	9)27	8)64
10)90	9)63	8)96	7)77	10)90
12)36	11)11	11)11	12)132	6)30
6)54	11)55	12)84	11)55	9)45

到这里：

有 8 个孩子和 50 支铅笔，请问：每个孩子能得到多少支铅笔？

8+8+8+8+8+8+2=50

50÷8

6 余 2

6 余 2

$$\begin{array}{r}6.25\\8\overline{)50}\\48\\20\\16\\40\end{array}$$

097

多维度学习法对所有学科都具有重要的作用。例如，英语课上，要研究《罗密欧与朱丽叶》这部戏剧，学生可以阅读并分析其主题，也可以选择某个主题（比如家庭关系），然后采用不同的方法——找到相同主题的音乐视频、自己录制视频、创作漫画小说、制作 PPT、创作雕像①——进行探究。这种多模式思维可以为大脑的生长和连通创造机会。神经学家得出的结论是：大脑的流畅性和灵活性，源自多个脑区协同作用时所产生的同步效应。[13] 通过多种途径学习知识，采用不同的形式和方式呈现想法，大脑的不同区域就会连通。

多维度学习法可用于所有学科的教学，从而提升学生的参与度和成绩。许多学科（特别是人文学科）已经在强调多种方式对学科教学的作用，包括要求学生阐释所读文本，采用小组讨论、辩论、表演等形式。大多数情况下，他们教学的多维度性还有待提高，但几乎不会像其他学科那样采用狭隘的教学方式。根据我的经验，最需要教学改革的学科是数学、科学和语言学。对于所有学科而言，最理想的学习方法是多角度理解学科内容。

例如，我认识一位很有创意的外语教师。他让学生站成一个圈，告诉他们，他们每个人都是说那种语言的某个名人，被拍到肩膀的学生要说出那个名人的感受。这种教学方式很简单，但很有创意：学生不是背诵翻译过来的单词和短语，而是通过口语表达他人的想

---

① 非常感谢安特罗·加西亚提供的这些英语多维度学习法。

法来学习语言。

我永远不明白科学学科的教学方式为何变得如此狭隘，变成了长串的知识点和定理，这可是让学生抛弃科学学科的绝佳方法。从本质上讲，科学学科是探索、实验和多种因果可能性的学科。我们要让学生对数学产生好奇心，我们同样需要让他们对科学产生好奇心。其重要性远胜于让他们记忆热力学定律（通过图书或互联网很容易查到）。

我最喜欢的，是狂热的自然主义者、教育家约翰·缪尔·劳斯（John Muir Laws）学习科学的方法。我喜欢他的著作《自然绘图与日志法指南》。书名听上去像是一本关于自然的图书，但劳斯告诉我们的是许多科学原理。更重要的是，他采用了多条科学探究路线。他的自然研究思想涉猎多个科学领域。他建议的研究方法包括收集数据，寻找模式、例外和变化，记录事件，绘制地图、剖面图和示意图。他还给出了"挖掘"数据的多种方法，包括写作、绘图、记录声音、列表、统计和测量、使用数据工具、准备"探奇工具包"（装入放大镜、指南针、双筒望远镜等物品）。

劳斯所描述的，**正是多维度学习法——通过数据、模型、地图、文字、图表等多种呈现方式学习科学知识**。通过这些不同的学习途径，学生的神经通路就会建立，不同脑区相互连通，拥有前面提及的那些"天才"的大脑连通性。

在辅导课上，我建议教师们采用多维度教学法。对此，他们往往会做出正面的回应，但马上又会提出一个急迫的问题："我们有教材，而且必须上完，那我们如何采用多维度教学法呢？"很多教师所在的学区，都有统一的指定教材，而教材的编者并不清楚多维度教学法的价值。

对于教师们提出的这个问题，我的建议是：可以将整页重复性习题加以精简，挑选出三四道最好的习题，然后让学生用不同的方法解题（就像前面提及的方法）。这种方法，每个教师都可以做到，也不需要新的资源，任何学科、任何年级的学生都可以采用多维度方法学习学科知识。一旦开始这样做，教师往往都会受到鼓舞，更有创造性地思考自己的学科和教学法。反过来，教师也会体验到学生参与度的提高，从而获得更多的快乐和成就感。

我的两个女儿就读于加州帕洛阿尔托市的一所公立小学。老师布置的作业不是太多。对此，我很感激老师，因为我知道作业的益处有限，而且往往不利于学生的健康。[14] 她们的作业大都是智力游戏或"肯肯谜题"（日本数独益智游戏）。不过，她们偶尔也会带回一张作业单，上面几乎都是雷同的习题。做题的时候，她们经常会哭泣、沮丧。我感到不解：晚上，学生已经很疲惫了，老师为何还要让他们做无聊的重复性习题呢？疲惫的时候，我不会工作，但我的孩子还要被迫完成作业。

我一向支持我女儿老师的工作，因为我知道教书是最辛苦的职业，大多数老师都很优秀、有爱心。不过，有一天晚上，我决定必须进行干预。我的小女儿（当时大约9岁）回到家，拿出一张有40道题的数学作业单。她坐在那里，望着习题单，显得非常泄气。我马上就担心起来：这种习题单会让我的女儿讨厌数学。于是，我让她只完成前面5道题。然后，我在习题单上给老师留言：

> 是我让女儿只完成前面5道题的，我看得出她已经理解了。我不让她完成所有习题，是因为我不希望她认为这就是数学。

我讲起给女儿老师的这段留言时，其他老师都大笑起来，也许是庆幸自己不是我女儿的老师。好在，这件事的结局不错。我和那位四年级的老师交流了脑科学知识和多维度教学法。现在，她不再让学生做习题单，而是布置4道习题，要求他们采用不同的解题方法——数字计算法、编故事法和图像解题法——来解题。对我的女儿而言，这可比那张无聊的重复性习题单好多了。做作业时，她不再哭泣，而是高高兴兴地编故事、画图。这样做，多个脑区就会被调动并相互连通，因而理解就会更深入。

多维度教学法不但可以促进大脑的连通，还会让学习内容变得生动。绝大多数学生都会认为，数学就是一堆数字和方法，英语就是读书、背单词。如果我们将数学、英语、科学以及其他学科视为发挥创造力、多角度看待问题的机会，那情况就会彻底改变，就可以刺激至关重要的大脑生长和神经通路的连通。此外，随着教师将课程内容的学习变得多样化，不再是简单地布置习题单、背诵一页页的课文或方程式，而是变成图像、模型、语言、视频、音乐、数据和图画，那课堂就不再是完成千篇一律的作业，而是会变得多姿多彩，充满创造性和吸引力。

我想用一张画有 7 个圆点的图片作为例子，来说明多维度教学法。我告诉学生，图片展示的时间很短，然后他们要告诉我上面有多少个圆点。我要求他们不要逐一地数，要分组数出圆点的数量。然后，我询问他们的分组方法。这 7 个圆点排列如下：

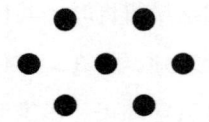

最近，我邀请一些女中学生来回答这个问题。结果，她们找出了 24 种分组方法！她们还想继续找下去，但因为临近午餐时间，我不得不结束。她们"看见"圆点数量的 24 种方法如下：

我让学生采用多种方法观察圆点群，是为了向他们说明数学的创造性以及看待数学的多种角度，哪怕只是 7 个圆点！我让学生做这个练习,还有一个原因:它有助于开发叫作"近似数量系统"(ANS)的脑区。正是因为这个脑区,我们不借助语言就可估算物品的数量。研究发现,学生大脑"近似数量系统"的发达程度,可以精确地预测其未来的数学成就。[15]

富于创造性的多维度教学法(鼓励学生多角度地看待问题)可用于所有学科内容的教学。可以给学生展示电影《杀死一只知更鸟》的某个场景、生物课上的某个细胞图、某个新闻事件或历史事件,然后问他们:"你们怎么看?如何理解?"这种方法强调的是视觉思维和学生不同的观点,两者都应该随时被欢迎和鼓励。

多维度教学法的学习与运用

加州中央山谷的知名度,比不上北部(比如旧金山)和南部(比如洛杉矶)的城市地区。第一次驾车从斯坦福大学去图拉尔县(距斯坦福大约 200 英里、距西海岸 100 多英里的内陆地区),看见窗外的风景由路旁的房屋和商店变成绵延数英里的玉米地,我就知道自己到了中央山谷。

中央山谷是农业区,也是一个"低产出、需要高投入"的教育区。图拉尔县的教育官员认为,当地的教师被人遗忘了,他们没有机会获得职业发展和资助。就在一年前,该县的数学教练希拉·费尔德斯坦来斯坦福大学看望我。她打算让各学区所有五年级的教师都注册学习我的线上课程"数学学习法",想征求我的意见。为此,她还制订了详细的计划:组织教师分组参加课程学习,然后各学校组织教师交流想法。

接下来的一年里,发生了很多可喜的变化。对此,研究论文进行了详细的分析。[16]但让我特别高兴的,是教师与数学的关系发生了改变。以前,有些五年级的学生的数学成绩很差,达到"熟练掌握"水平的学生比例不足8%。当年年底,我和教师们进行了座谈。他们坦陈,过去,他们害怕上数学课,想办法尽快上完了事;学到思维观念、大脑生长、多维度教学法等知识后,他们开始享受上数学课。他们经常待到晚上7点,共同讨论如何将数学问题视觉化。

吉姆是一名五年级的教师。访谈中,他告诉我,他采用了我们的一种折纸方法。结果让他非常惊喜,学生们对指数有了更深入的理解:

> 学生们将方形纸对折成三角形。他们发现存在着指数关系:对折一次,纸张变成两层;对折两次,纸张变成四层。每对折一次,都会出现2次幂关系。他们完全是靠自己建立起了这种联系。现在,我们在学习10的10次幂,我可以看出折纸活动所产生的效果。这对我而言,意义重大。

这位五年级的教师开始将数学题视为采用创造性多维度教学法的机会。他有这种变化，是因为他也学到了前面几章提及的那些脑科学知识。学习线上课程之前，很多教师都有固定型思维，认为自己无法想出，也不适合新教学法。摆脱这种错误而有害的思维观念，就可以改变数学和其他学科的教学方法。有一位教师告诉我，线上课程让她像是变了一个人，她感到非常惊喜：

> 我原本以为它只适合孩子们学习，压根儿没想到也会改变我。这是我获得的最大启示。

不只是教师会改变，教师将这些观念告诉学生后，学生也会改变。改变的形式多种多样，包括学生潜能和学习观念的改变。学生对数学学习的看法也会改变。一位教师告诉我：

> 孩子们兴奋地说："天啊，他是那样说的吗？可以学习吃力？可以有不同的想法？"

"可以学习吃力？""可以有不同的想法？"在我看来，学生提出这样的问题，是因为他们拥有那些妨碍其学习的有害观念。"学习吃力不好""有不同的想法不好"，这些观念会带来悲剧性的影响。然而，数百万名学生相信的正是这些观念，尤其是在学习数学上。

老师会发现，学生改变学习观念和数学观念后，会变得更加自信。正如米盖尔在访谈中所说：

> 我想告诉你的是，你们的在线课程非常重要。孩子们现在的学习积极性非常高，他们都像完全变了一个人。我从未见过他们那样自信。

改变思维观念和学习方法、接纳学习吃力、愿意改变数学观念，学生们从中大为受益。虽然加州的数学期末考试成绩不能完全说明问题，但学过在线课程的老师，其班上学生的考试分数明显高于其他班学生的分数。特别是女生、语言学习者、家庭经济和社会背景不好的学生[17]、数学和其他学科成绩通常较差的学生，这些人从教学改革中受益最大，考试成绩有明显提高。

吉恩·麦多克斯是受到线上课程新知识触动的教师之一。她一整年都在向学生传授这样的观念：你们随时都可以成长，可以学会任何东西；你们应该抛弃"潜能固化"思维。在吉恩看来，视觉方法发挥了重要的作用，这不但改变了她的数学教学法，也改变了她的数学观：

> 以前，我总是教学生运算法则，因为这是我的"安全网"。现在，我会想："好吧，我该怎么画出这个呢？我如何用视觉方

法让学生看见这个？"我明白了运算法则的原理，因为我的脑子里有非常清晰的画面。视觉化对分数等内容的学习真的很有用。孩子们会说："哇，原来如此！"看见视觉化的东西，有的学生会叫喊："哇，天啊！"有些孩子一直认为数学就是记忆知识点之类的东西，现在他们会说："哇！"

这些教师所经历的变化，说明突围具有双重作用：一个是改变思维观念和自我观念；另一个是多维度地对待学习和人生。

我给这些五年级教师的一个建议是：扔掉机械性的习题，给学生布置需要他们自己想办法得出答案的习题。一位教师发言说：

> 有一天，我在黑板上写道："答案是17。你们有多少种方法算出这个答案？"我以为他们只会说"1+16"，没想到他们会依次计算。他们做得很棒，给我留下了深刻的印象。

一位教师在推特上说，她在中学几何课上也采用了同样的方法。她在黑板上写出答案，让学生采用学过的几何方法得出该答案。她写道："学生们想出了多种有创意的方法，让我感到震惊，对后续的师生交谈和学生们大脑连通具有宝贵的价值。"

另一位五年级的教师说，她现在只通过图像画出数学概念，然后问学生："你们看见了什么？没有看见什么？可能会看见什么？接下来会看见什么？"

这些方法各不相同，也不复杂，但从根本上讲都是多维度教学法。他们鼓励学生思考，开辟"非同寻常的"解题方向。改变教学法后，教师上课变得轻松、愉快，体验到随之而来的自由感。他们不是紧跟教材，而是在做教学实验，并邀请学生参与实验。现在，我们已经清楚，多维度教学法可以提升大脑的连通性，进而帮助学生成长为开拓性的创新人才。

其他教师的体验，也和中央山谷这些五年级的教师非常相似。霍莉·康普顿现在还记得，上小学一年级时，老师要求她完成教材上满满一页的多位数计算题，这次数学学习经历让她感到非常恐惧。她认定自己没有"数学脑子"，她的妈妈也是这样认为的。在接下来的几年时间里，霍莉都是在沮丧和补习中度过的。霍莉与数学的负面关系，完全是因为单维度的教学工具（习题单）促使她认定自己不擅长学习数学。

与其他学科相比，数学最容易打击学生的自信心，部分原因是错误的教学方法和观念给霍莉那样的"一年级新生"带来负面的学习体验。此外，还因为社会观念认为会做数学题的人是"真正聪明的人"，而那些数学学习吃力的人是"笨蛋"。这种观念会给很多人造成灾难性的影响，霍莉就是其中之一。不幸的是，我认为霍莉的灾难性体验并不少见。关于那次负面经历对其整个人生的影响，霍莉是这样说的：

> 影响真的无处不在。因为缺乏自信,我的整个人生都受到了影响。

幸运的是,通过学习,霍莉改变了自我观念和学习能力观念,使自己成功解锁。对霍莉而言,这个"颠覆性"的过程包括知道数学题可以有多种不同的解法,这表明多维度的方法对学习突围具有非常重要的作用。正如霍莉在访谈中所言:

> 现在,我将数学视为最有创造性的学科,因为你可以分解、组合,可以就"13+12"这个问题(与学生)进行长达一小时的对话!

霍莉后来重新自学了数学,学生的思维方式也给了她鼓励。他们开始采用多维度学习法,这让她意识到数学同她原来所想的不一样。她开始"实验"数学、"玩"数学,并且看见自己学校的数学成绩有了提高。经过数年的教学法改革,霍莉成为她所在学区的数学教练。对于一个过去害怕数学的人来说,这可是了不起的成就。霍莉说,她现在随时都在传授成长型思维,给学生布置具有挑战性的多维度任务,告诉学生她希望每个人都有学习吃力的感觉。

解锁后的霍莉,不但改变了教学方法,也改变了她与人交流的方式,这表明自我突围还会带来其他的益处。过去参加会议,霍莉总是担心自己不知道应该知道的东西，觉得自己必须成为"专家"。解锁之后的霍莉不再害怕参加会议，更愿意大胆发言：

> 我不再害怕说出自己的想法。我会对其他老师说："嘿，这个问题难住我了。你能和我一起解决吗？"

面对挑战和不确定性保持开放的心态，这是人们解锁之后的普遍变化。他们意识到，学习吃力是件好事情，不是大脑"残疾"的标志，而是大脑生长的机会。因此，学习吃力的时候，他们会变得更加自信，更愿意分享不太确定的想法。"大脑固化"思维最令人悲哀的核心特征是：害怕犯错。恐惧会让人的思维"上锁"，变得僵化。正因如此，多维度、成长和努力的人生观才具有强大的"解放力量"。霍莉说："我允许自己犯错，所以，我现在的想法才会有那么多。"

在工作和生活中，多维度思维还会带来另一个好处：面对路障，你知道可以绕道而行。我采访的很多成年人都告诉我，现在，他们碰到挑战或路障，不会再停下脚步，而是会寻求其他的策略和方法。**多维度思维表明，做任何事情，都不是只有一种方法，总会有其他的解决方法。**

现在，霍莉可以更自由地"表达想法"，这一点非常重要。正是因为找到了学习钥匙，她才发生了这种深刻的变化。不管是工作、学习还是其他方面，如果了解了传统"大脑固化"观念的种种限制，拥有了学习和成长的能力，我们的人生就会发生改变。改变观念，就可以提升自信、复原力以及工作和人际关系的满足感。

霍莉告诉我，她现在的人际关系有了改善。她不再自我怀疑，不再感到抑郁。而这一切的变化，都源于她改变了自己的数学观念，改变了自己与数学的关系。

霍莉成功突围的关键在于，她明白了数学是一门可以多角度思考的学科，要尊重他人不同的想法和观点。敞开心扉，知道自己和他人都有无限的潜能，同时接纳不同的学习方法，这种影响就会更加深远。多维度思维是成长型思维的绝佳补充，两者如果协同作用，效果会更好。

我们的数学夏令营之所以取得了巨大的成功（学生成绩提高所达到的效果相当于2.5年的在校学习效果），部分原因是我们采用了多维度教学法。一年后，我们对学生进行了随访。有些学生告诉我们，他们回到学校后，虽然老师还会让他们做习题单，但他们会把习题单带回家，和父母一起通过视觉化的方式进行思考。一位女生有些遗憾地告诉我，学校的数学课没有意思，因为她被告知必须遵照"老师的方法"，不能采用自己的方法。她的话让我感到难受，不过我也意识到她现在已经知道思维方式是多种多样的，不是只有老师的方式，即使她不能采用自己的方法，也明白自己的方法是很重要的。她感到沮丧，不过她的思维已经解锁，并且正在发挥作用。

在很多数学课上，老师布置的习题，学生都不知道从何着手——这会让他们对自己和学习产生负面的想法。如果换成"低地板、高天花板"的习题，所有学生都可以做。但如果延伸为更有挑战性的习题，他们就都可以着手解题，都可以有不同的收获。

我们的夏令营采用的就是这种任务性习题。同时，我们也注重多角度理解和分析问题，注重不同的解题策略和方法。我们还鼓励学生多讨论，分享自己分析和解决问题的方法，然后大家对各种方法进行讨论和比较。因为使用了上述做法，所以学生能够高效地学习和做题。他们知道自己在学习，因而有动力坚持下去。我们教给学生清晰的解题思路，并用多种例子演示探究答案的方法。这种多维度思维和方法的结合，恰恰是学校、家庭和公司常常缺乏的。

学校经常考试和评分，学生就很难获得解锁和培养多维度思维，因为考试和评分会给学生传达"大脑固化"的信息。[18] 我访谈的很多教师都知道培养学生多维度思维的重要性，因此，他们的做法有所不同。他们不但向学生传授脑科学知识和思维观念，还采用了能够促进大脑生长和学习效果的教学方法和评价方法。

我给本科生上数学课，也会采用多维度教学法。十周的时间里，除了通过数字和计算学习数学，我们还用图像和物品"看"数学——这些方法有助于增强大脑的连通性。一位本科生匿名评价道：

过去，数学是停留在纸面上的，至少对我而言是这样的。

开始上这个课后，数学题会自动进入三维空间。寝室墙壁、你让我做的姓名牌背面、非STEM课程的笔记本及正方形、图表、兴奋纷纷涌向以前用于单纯计算的大脑空间。以前，数学是单维度的，只有一种解法。现在，数学的维度急剧膨胀。

其他学生也写信告诉我，通过图像"看"数学、学习脑科学知识和思维观念，他们拥有了复原力，改变了自己的人生，在斯坦福大学其他课程的成绩也有了提高。

马克·皮特里的故事就是一个例子。明白吃苦的益处、知道变通学习方法后，他的人生发生了巨大的改变。马克现在已经60多岁了，他小时候因为意外造成了身体部分残疾。他似乎终生都无法康复，只能去上特殊学校。他的母亲拒绝接受这样的事实。为了帮助马克康复，她自作主张，朝他扔沙袋让他接，提升他的协调性。后来，马克学习滑冰，不停地摔倒、爬起来，再摔倒、再爬起来。他说，幸亏小时候吃苦，让他养成了成长型思维。否则，他肯定会一事无成。读到我前面提及的吃苦的价值时，他立即就联想到了自己的人生，想到因为吃苦才成就了现在的自己。

马克从小就拥有成长型思维，不过，几年前参加youcubed研讨课后，他才知道这个术语，并把它告诉了自己所教的八年级学生。参加研讨课之前，马克大部分上课时间都在讲解乏味的教材。研讨课结束后，他回到位于圣塔安那市的学校，开始改变他的教学方法。

现在，每个周一早上开始上课前，他都会给学生播放某个成长性思维者的视频。接受我访谈那天，他播放的视频，讲述的是一个发明胰腺癌检测方法的15岁学生的故事。他的视频是从互联网上找来的，通过真实的例子给学生传授思维观念。每周三，马克都会展示"最喜欢的错误"——一道有错误的数学题，学生必须想法找出错误。每周五，学生都做数学题和美术作业。除了这些常规的教学计划，马克所教的所有课程都采用多维度教学法，他鼓励学生制作连环漫画来说明数学概念，或者给他们展示图像或物品，然后问他们看见了什么。他告诉我，在数学课和美术课上，他都会投影图像和画作。然后问学生看见了什么。他还要求学生制作有图案的被子、研究著名艺术家的画作。比如，分析画作的对称性。

改变教学方法之前，马克班上学生的数学成绩，只有6%达到所在学区的"熟练掌握"水平。采用多维度教学法后，这一比例升至70%。马克只告诉我通过美术、视频等多种创意方法进行数学教学。因此，我问他是否也讲教材。他解释道，学生只花25～30分钟（不超过30分钟）学习教材上的内容，剩下的55分钟都做其他的事情，这样他就能教给学生更多的东西。我完全同意他的做法。

马克不但在数学教学上拥有成长型思维，他在生活中也是如此。他告诉我，几年前，他的儿子还小，妻子患了癌症，先后做了5次手术。妻子虽然做过多次手术，还接受了18个月的化疗，但她一直在从事律师工作。在此期间，他必须坚强，因为他得照顾妻子和儿子，还要上课。马克说，他必须做"最乐观的人"。现在，他的儿子已经上了大学，妻子也在康复中。每周六，马克和妻子都要为难民做饼干。他的妻子还为接受化疗的女患者织帽子。马克展现出来的思维观念，和其他突围成功的访谈对象的思维观念非常相似：化消极因素为积极因素。他谈到了犹太教"修缮世界"（tikkun olam）的概念，认为它与成长型思维密切相关。马克反思道："就好像是对我说，我为什么来到这个星球？我为什么在这里？我为什么在这间教室里？肯定是有理由的。"

即使身处极端逆境，马克依然乐观地对待生活，让人深受鼓舞。他在课堂上所做的教学改革，让学生的成绩有了很大的提高，还影响了学校的其他教师。六年级和七年级的教师看见马克在八年级获得了成功，于是开始采用他的一些教学方法，也看见自己班上学生的成绩有了明显提高。

所有学科和所有教师都可以采用多维度教学法。本书后面的"附录一"，为读者提供了通过图像思考数学题的机会。课堂上没有机会接触多维度教学法的学生，可以自己采用这种方法。我前面提到的数学夏令营，有83名中学生来到斯坦福大学的校园。一年后，我们对这些学生做了随访。一个男生告诉我们，现在，他对体积的概念理解更深了，因为他总是回想起我们做过的"方糖"活动，于是就知道了1立方厘米是什么概念、给人什么感觉。不幸的是，这些学生在学校没有机会继续通过图像、物品等多维方式理解数学。

好在，他们在这18天里接触过多维度学习法，因而可以把它运用于自己的生活中。

前文提到的莉娅·哈沃斯说，她不再给学生横格练习本，而是发给他们可以随意扩展的空白日记本，告诉他们用来"玩"数学、画数学、思考数学，结果带来了巨大的变化。给学生思考和探究的创意空间，与多维度教学法是完全一致的。

几年前，我在一所地方学校做了"励志数学周"实验。我们的 youcubed 网站提供了一套 K-12（幼儿园到十二年级）视觉化创意课程，每个人都可以免费学习。孩子们学完其中一课后，我走在走廊上，突然，一个女生的母亲冲到我面前。她问我，最近这几天，她女儿的数学课都在学些什么？她那位一向讨厌数学、根本不学数学的女儿，竟然改变了想法！现在，她的女儿打算今后从事与数学相关的工作。听见她这么说，我感到非常高兴，因为我知道，孩子一旦改变自己的潜能观念、愿意接纳新方法，他们的道路也就会发生改变。

前面三把学习钥匙，探讨了大脑生长和挑战的价值，对解锁学习潜能具有至关重要的作用。然而，如果没有有利于大脑生长的环境，有些人可能就会发现这些钥匙的效果并不理想，甚至适得其反。在"大脑固化论"的世界里，成长型思维会受到种种限制，因而会丧失部分的改变潜能。现在，我们已经清楚，答案就在于第四把钥匙——多维度教学法。多维度看待问题、话题或这个世界，我们的学习能力和成长潜能就可以得到解锁。有了成长型思维和多维度教学法，任何年龄的学习者都可以摆脱恐惧，克服障碍，换个角度看待问题，重拾对自己能力的信心。即使身处僵化的、固化的、不重视多维度思维的体制——不管是以考试为中心的学校，还是只看重狭隘视野的职场，如果我们多维度地解决问题，那我们的学习和人生就会全面受益。

05
速度没了，灵活性就有了！

错误的观念、错误的方法和错误的假设，会以多种形式束缚学习潜能。好在，我们拥有解锁学习潜能的脑科学知识和大量行之有效的方法。我们已经破解了两大有害的观念："大脑固化论"和"吃苦无能论"。抛弃这些错误的观念，人们就可以发生深刻的、有创造性的变化。

本章将打破另一个有害的观念——必须思维敏捷，才能学好数学或其他学科——并给出相应的对策。抛弃"思维速度很重要"的观念，将学习视为培养思维深度和灵活性的机会，我们就可以突破应对世界的方式。改变学习观念，我们每个人都可以像上一章提及的那些"天才"一样[1]，拥有思维的创造性和灵活性。

学习钥匙 5

思维速度不是思维能力的衡量标准。
创造性地、灵活地应对问题和人生，
才能获得最佳的学习效果。

相较于其他学科，数学受"思维敏捷才能学得好"的观念伤害最深。这种观念的形成，部分原因是学校采取的各种有害的做法。比如，连5岁的小孩也经常要参加知识性限时考试。家长也让孩子做一些基于速度的数学活动，比如抽认卡。因此，大多数人都将数学和速度联系在一起，认为只要计算速度慢就学不好数学。我把下面这张习题单展示给学生们看。

12 的乘法　　　　　　　　　　　　　　　　　姓名_____

2 ×12	12 ×12	6 ×12	7 ×12	6 ×12	12 ×12	4 ×12	8 ×12	2 ×12	5 ×12	12 ×12	4 ×12
9 ×12	4 ×12	12 ×12	2 ×12	3 ×12	3 ×12	6 ×12	4 ×12	11 ×12	6 ×12	7 ×12	2 ×12
1 ×12	8 ×12	5 ×12	12 ×12	9 ×12	7 ×12	11 ×12	6 ×12	2 ×12	2 ×12	7 ×12	12 ×12
7 ×12	5 ×12	1 ×12	12 ×12	8 ×12	6 ×12	8 ×12	3 ×12	0 ×12	6 ×12	4 ×12	2 ×12
5 ×12	12 ×12	4 ×12	2 ×12	6 ×12	11 ×12	4 ×12	9 ×12	3 ×12	8 ×12	3 ×12	2 ×12
6 ×12	4 ×12	12 ×12	12 ×12	12 ×12	0 ×12	9 ×12	4 ×12	8 ×12	5 ×12	2 ×12	7 ×12
5 ×12	1 ×12	8 ×12	12 ×12	7 ×12	4 ×12	12 ×12	5 ×12	9 ×12	1 ×12	3 ×12	7 ×12
8 ×12	9 ×12	5 ×12	5 ×12	6 ×12	11 ×12	7 ×12	3 ×12	6 ×12	5 ×12	8 ×12	5 ×12

目标_____　　　　　　　　　　　　　　正确数_____

看到这张习题单,学生们常常发出叹息,尽管也有人(极少数)说他们喜欢这种测试。我们已经清楚,很多人患上"数学焦虑症",正是源于他们从小参加的各种知识性限时考试。最新的脑科学研究可以帮助我们理解这些是如何发生的。

压力与焦虑的影响

神经学家西恩·贝洛克(Sian Beilock)对大脑的承压工作状况进行了研究。数学计算需要调动一个叫作"工作记忆"的脑区。"工作记忆"脑区有时也被称为"大脑的搜索引擎",同其他脑区一样,也需要经过训练,并加以开发。贝洛克的研究结果表明,紧张或承压时,大脑的工作记忆会受阻。[2] 学生的工作记忆越强,受阻越严重。这就意味着,学生参加限时数学考试并感到焦虑(很多人都会紧张),他们大脑的工作记忆就会受阻,无法算出答案。焦虑一旦出现,有害的思维观念就会随之而来。

压力感会影响大脑的正常工作,这种感觉你肯定也曾有过。重压之下必须解出一道数学计算题,你肯定会感到大脑一片空白。正是这种压力感阻塞了你的工作记忆。参加限时考试,很多儿童都会感到压力,工作记忆受阻,无法想起数学知识点。他们一旦意识到自己无法解出题，就会感到焦虑。

我在斯坦福大学教过多年的本科生数学课，每年都有相当多的学生患有数学焦虑症和恐惧症。我经常问他们数学创伤是何时产生的、如何产生的。几乎所有学生都给了我相同的答案：二、三年级时参加的限时数学考试。有些学生因为紧张而没有考好，其他学生却考得很好，他们因此就认为（毫不奇怪）数学是浅层记忆性学科，于是开始讨厌数学。

乔迪·卡尔帕内利是一位教师，她给我讲述了她小时候参加限时考试所引发的一系列灾难性后果。二年级期末，乔迪被告知，她因为限时考试成绩差而必须留级。听到这里，我感到有些恐怖，但事情并没有完。她还必须接受校长的单独辅导。她告诉我，那简直是"酷刑"。此外，每天晚上，她的父母还要让她在厨房里做限时测试。他们给她设置好闹钟，闹钟在旁边嘀嗒作响，她发疯似的做着计算题。

我不敢想象，一个二年级的学生竟然要承受如此大的压力。她从中学到的观念是：知识性测试可以衡量她的智力和个人价值。然后，她被告知自己失败了。乔迪经常无法在父母规定的时间内做完所有的题，即使勉强做完，也会有错题。这时，母亲会告诉她，没关系，她自己的数学也不好。乔迪说，直到今天，厨房闹钟的嘀嗒声仍然让她感到恐惧。她这样说，我并不感到意外。[3]

念二年级的乔迪接收了太多的负面信息，包括母亲（当然是出于好心）宽慰她说，她自己的数学也不好。西恩·贝洛克通过研究发现了有意思的关联性，表明这种宽慰信息具有巨大的危害性。在一项研究中，她和同事们发现，父母对数学表现出的焦虑程度，可以预测其子女在校的学习成绩。[4] 父母有多少数学知识，这不重要，重要的是他们的焦虑程度。父母只有在辅导孩子做作业时，其数学焦虑才会给孩子带来负面的影响。显然，如果父母对数学感到焦虑，但从不辅导孩子的数学作业，那这种焦虑就不会传导给孩子。父母在辅导孩子做作业时，很可能向孩子传递了"数学很难""他们的数学也不好甚至更差"等信息。

贝洛克的研究团队还发现，小学女教师对数学的焦虑程度，可以预测其班上女生（但不包括男生）的数学成绩。[5] 我想，出现这个结果，是因为女教师会和学生分享自己对数学的感受，说些我曾经听过的那些话："我上学时数学不好。""我们赶快做完，然后就可以开始阅读时间了。"女生比男生更容易受此影响，是因为她们对同性别教师的认同感更强。上述研究均表明，家长和老师传达的负面信息，会使学生的数学成绩下降。这再次证明了成绩和观念是具有关联性的。

幸运的是，在后来的学习生涯中，乔迪拥有了很好的学习体验。她明白了片面强调速度的危害性。现在，她是一名中学数学教师，她告诉学生，真正重要的，是放慢速度深入地思考。随着时间的推移，她渐渐明白厨房里的那个闹钟不能衡量她的价值，从而完成了重要的自我突破。对她而言,"速度不重要"是一把特别重要的钥匙。

速度与神经学

学校基于速度的数学活动,会带来不幸的后果:孩子们如果在重压之下无法快速算出答案,可能就会一辈子讨厌数学和科学。然而,讽刺的是,数学并不是一门需要速度的学科。有些思维强大的数学家对数字和数学的其他方面的思维速度并不快。他们不是快速地思考,他们思考的速度慢,但很深入。

最近几年,有些世界著名数学家,包括洛朗·施瓦茨[6]、玛利亚姆·米尔扎哈尼[7]等菲尔兹奖获得者,公开承认自己做题速度很慢。获得菲尔兹奖后,施瓦茨写了一本自传,讲述自己上学期间因为思考速度最慢而觉得自己很笨的经历。他在书中写道:

> 当时,我对自己的智力总是毫无信心。我觉得自己不聪明。说真的,我当时思维速度很慢,现在依然如此。我需要时间才能理解东西,因为这样我才能理解透彻。十一年级期末,我从心底里认为自己很笨。我为此担心了很长一段时间。

我现在的思维速度仍旧很慢……十一年级期末，经过权衡，我得出了结论：速度与智力没有必然的确切联系。重要的是，深度理解知识点及其相互之间的关系，这才是体现智力的地方。思维速度的快慢，与智力真的毫不相关。[8]

上学期间，我的思维速度很快，让我的十一年级数学老师大为恼火。每天一上课，她都会在黑板上写出 80 道算术题。她刚写出题目，我就算出了答案，并以此自得其乐。她放下粉笔、转身面对我们时，我已经做完了所有的题，马上交卷。她一点儿也不显得高兴，有一次还告诉我，我这样做，是故意惹她生气（这句话很值得玩味）。她会检查我所有的答案，希望找到做错的题，但我记得自己从未有过错题。我现在学到了脑科学知识，如果能回到过去，我会告诉那位数学老师，我做题快，是因为它们根本不需要深度的或复杂的思考——尽管这些话可能不受欢迎。

我当时做题快，也是受到"速度才重要"这一观念的驱使。在观念落后的学校体制中，难怪会有数百万名学生都认为做题速度才重要。多年后的今天，我的学习观念已经发生了转变。我不再认为做数学题需要的是速度，而是深入的、创造性的思考。这种观念的改变让我大为受益。现在，我受益更多的不只是数学思维，还有科学或技术学科的学习。观念的转变，给了我极大的帮助，让我充满激情地帮助他人消除无处不在的"速度神话"，转而追求深度理解、创造性和知识联系。

医学博士诺曼·道伊奇指出，学习速度快，可能会增强现有神经通路的连接，但这种连接"来得快，去得也快"，很快就会逆转。[9]我们准备考试，复习学过的知识，情况就是如此。我们死记硬背知识，一两天后"复制"出来，但这些知识不会持久，很快就会被遗忘。只有生成新的结构——神经通路和神经突触，大脑的变化才会更为持久，而这往往是一个缓慢的过程。

道伊奇提到一项针对盲文学习者的研究。研究人员发现，学得快的人，大脑很快开始生长，但更缓慢、更深度、更持久的生长所需的时间要长得多。只有这种学习，大脑的生长才会持久，数月后依然存在。道伊奇建议道："作为学习者，如果你觉得自己的大脑是'漏勺'，什么都没学到，请继续坚持，因为随之而来的是更深度、更有效的学习。"他说，"乌龟"学习技能的速度似乎很慢，但可能会比"兔子"学得更好；"兔子"学得快，但如果不持续巩固，就不一定能够保住所学的东西。[10]

老师通常会认为，学习速度的快慢说明学生的潜能差异，但真正的差异在于大脑活动，而速度慢、深度的大脑活动尤为重要。美国的学校通常会注重更快速、更浅层、能够用测试加以评价的学习活动。采用这些衡量指标，学习成绩好的学生一般都是记忆速度快的学生。然而，研究表明，从长远来看，学习更吃苦、速度更慢的学生，成就会越大。

快速学习造成的一大伤害，是学习速度较慢的人会拿自己同那些速度快的人进行比较，结果就觉得自己无法胜任手头的任务。美国各地的学校中，学生看见其他人比自己学得快，往往就会自暴自弃。南希·克沙尔是国际文凭组织（IBO）旗下一所学校的数学系主任，她给我讲了一个常见的现象：学生看见其他人数学学得"更快"，便自我放弃。刚参加南希的课程，米莉就告诉她自己讨厌数学，还说自己是"笨蛋"。她给南希留言：

看着坐在旁边的那些人，他们的做题速度比我快得多。他们都做完了，我才刚刚开始。我经常拿自己同他们比较，经常会想："我永远都做不到那样快。"

有这种感受的，并不是只有米莉一个人。现在，我们已经清楚，这些感受会削弱大脑的功能。南希决定帮助米莉"变轨"。她告诉米莉："不要关注别人，只关注自己，给自己设定一个目标——一个未来几周内可以学会的东西。"

米莉说，她希望学会整数。

"好的。"南希说，"今年，我们不必学会所有的东西，只需要学懂整数。那就一起努力吧！"

为了帮助米莉提升数学思维，南希采用了多种视觉化手段——数轴、温度计和普拉达手袋图片。一年之中，她想方设法帮助米莉

和其他学生培养学习的创造性。学年结束时,米莉像变了一个人,她写信告诉南希:

> 亲爱的克沙尔老师,非常感谢你,感谢你是一个伟大的老师。我是说,你不只是一个了不起的人,还是一个很好的老师。起初,我认为你给我们看的那些视频是错误的。我真的认为自己学不好数学。我没有意识到,如果我那样想,就永远不会有进步。作为老师,你不但教我数学,还教我如何看待事物、如何学数学。我是一个有创造力的人,因此,数学根本不是我的菜。你开始采用视觉化手段,不只是让我们知其然,还要知其所以然。从此,我就开始上路了。我知道,一旦上路,就必须坚持走下去。你给了我太多的帮助。一年过去了,我感觉自己成长了很多。我以前真的认为自己做不到。你总是对我说:"试一试,米莉。"而我会想:"我可以试一试,但我不会成功的。"我大错特错了。你相信我能成功,你的信任帮助我熬过了这一年。因此,我想说:"谢谢您!"

米莉在信中写的话,有些很有启发性。她谈到了非常重要的一点:南希相信她,并给予她积极的信息。她还写道:"你开始采用视觉化手段,不只是让我们知其然,还要知其所以然。从此,我就开始上路了。我知道,一旦上路,就必须坚持走下去。"在这里,米莉提到了上一章讨论的学习核心要素：只告诉学生积极的信息是不够的，还必须给予他们学习方法和成功体验。

这又把我们带回到了多维度教学法：保持学习过程的开放性，给学生提供创造性的视觉化学习任务，帮助他们换个角度"看"数学，从而获得成功的体验。这种方法的效果，远高于过去那些浅层性的机械记忆方法。然而，即使我们已经清楚记忆力好的人并不意味着有更大的数学潜能，[11]但在很多领域，我们依然在推行记忆技巧。记忆力好的学生会发现，他们只需要遵循老师的方法，不用理解和领悟，就能取得好成绩。我见过很多数学成绩优异的学生，甚至包括顶尖大学数学专业的学生，他们感慨地说："这些年做的题，我们一道也没有真正地理解。"更注重记忆而非深度理解，那些深度理解者就会受到伤害，从而讨厌数学。记忆力好的学生也会受到伤害，因为他们本来可以受益于深度理解的学习方法。

通过视觉化的数学教学法，南希让学生明白"知其然，还要知其所以然"，让米莉第一次获得了成功体验。拥有了成功体验，她就会坚持学习，拒绝过去相信的观念——自己永远都学不好数学。

南希不但努力为自己班上和学校其他班级的学生创造积极的数学体验，还帮助那些已经放弃数学的学生改变学习体验。她给米莉布置有助于改变她数学观念的家庭作业。在学校的一次考试期间，她甚至坐在米莉身旁，告诉她如何用视觉思维答题。参加南希的课程前，米莉的数学成绩是 D 和 F（不及格）。当年年底，她获得了

B。更重要的是,她学懂了教学内容,不再认为自己的数学很糟糕。

现在,在南希的指导下,该校的所有教师都在学习本书、《数学思维模式》和我的在线课程里分享的学习观念。提起整个学校发生的变化,南希说:

> 我压根儿就没想到,有一天会看见老师们如此渴望教学生、渴望教数学。我迫不及待地想看看学生们的变化,不只是我班上的学生,也不只是一个学生,而是那么多孩子。很多老师都从中受益,他们的日常生活也发生了改变。

南希努力帮助米莉转变学习观念和方法,改变了米莉的人生。这个精彩的故事所体现的某些重要方式,其他学习者也可用来帮助自己突围。为了更好地理解,我们将"深潜"数学世界,了解一项对所有教师和学生、对所有学科、对家长和管理者都有启发性的精彩研究。该研究对大脑的工作机制和灵活性的作用给出了有趣的见解。

灵活思维

英国华威大学的两位教授埃迪·格雷(Eddie Gray)和戴维·塔

尔（David Tall）对一群7~13岁被老师归类为差生、中等生和优等生的学生进行了研究。[12] 研究人员向这些学生提出了数学问题，接着展示图像，然后搜集他们的解题策略。例如，他们给出题目"7+19"，然后展示视觉化的数字。

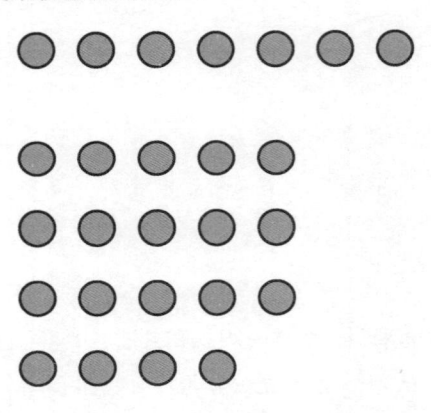

研究人员发现，优等生和差生的区别，不在于优等生的知识更多，而在于他们能够灵活地运用数字。研究人员对不同的解题策略进行了归类："逐个数数组"学生，简单地逐一数完所有的数字；"中间数数组"学生，从中间某个数字开始往上数；"知识组"学生知道计算知识；"数感组"学生灵活地运用数字。比如，他们不是计算"7+19"，而是计算"6+20"。研究人员分析了优等生和差生的解题策略，结果如下：

优等生：

30%：知识组

9%：中间数数组

61%：数感组

差生：

6%：知识组

72%：中间数数组

22%：逐个数数组

0%：数感组

这个结果令人吃惊。优等生善于灵活思考，61%的优等生运用了"数感"，而差生没有一个人运用这种解题策略。

差生养成了使用数数计算策略的习惯，包括正数和倒数（从中间某个数字开始往下数），并且固守这些策略，用来解答所有问题，即使行不通也依然如此。研究人员有一个重要发现：思维缺乏灵活性的差生，他们学习的是不同的数学，而且更为困难。研究人员用"16-13"作为例子加以说明。

计算"16-13"，差生采用的是"倒数"策略，而这种策略其实相当困难（试试从16开始倒数13个数字），而且很容易出错。优等生能够灵活地处理这些数字：10减去10，6减去3，然后得出答案

3。这种数字灵活性极为重要,但如果训练学生机械记忆数学知识,不加理解地学习计算法则,他们就会机械地求助于记忆,永远无法培养灵活思维。

通常,低年级的差生(特别是有计算困难的学生)会被叫到一边做演算训练——这种"操练练习"被许多学生贴切地称为"杀人练习"。他们需要的根本不是演算训练,他们成绩差,是因为他们接受了错误的数学观念,以为自己需要采用记忆方法。他们记住了数数策略,即使"数感"更为有效,他们也会坚持数数。他们需要的不是演算训练,而是灵活地、创造性地处理数字。他们需要改变数学观念。

概念性学习

什么是计算的概念性学习?对很多读者而言,这个概念可能比较陌生,因为他们总是被鼓励将计算看成各种方法、知识和法则。格雷和塔尔对初等数学的概念和方法进行了总结(见下图[1])。

---

[1] E. M. Gray and D. O. Tall, "Duality, Ambiguity, and Flexibility: A 'Proceptual' View of Simple Arithmetic," *Journal for Research in Mathematics Education* 25/2 (1994): 116-140.

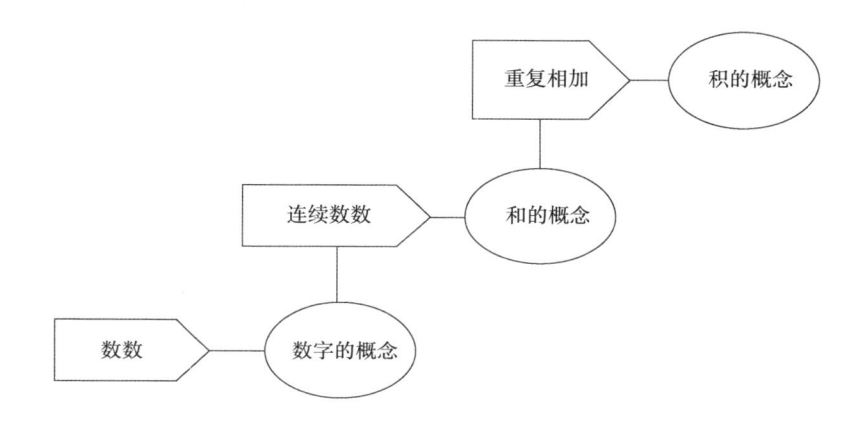

```
                                    重复相加 ─→ 积的概念

                    连续数数 ─→ 和的概念

        数数 ─→ 数字的概念
```

学会数数，就会建立起数字的概念；学会连续数数，就会建立起和的概念；学会重复相加，就会建立起积的概念。数学是一门概念性学科，但很多学生并没有通过概念学习数学。他们学习数学，是记忆一套规则或方法。如前所述，这种学习方法会给很多学生造成严重的问题。至于其原因，不少脑科学研究已经做出了解释。

学习新知识的时候，大脑会处理其意义以及其与其他已学知识之间的联系，因而需要占用大量大脑空间。但随着时间的推移，我们学会的概念会被压缩，因而占用的空间较小。这些概念被存储在大脑中，需要之时可以轻易而快速地"调出来"使用，而且占用的空间很小。如果我教幼儿园的小朋友学算术，这些概念就会占用他们大量大脑空间。但如果我教成年人计算"3+2"，他们很快就可以从压缩的加法知识中调出答案。数学家、菲尔兹奖获得者威廉·瑟斯顿（William Thurston）是这样描述"压缩"的：

> 数学具有不可思议的压缩性：你可能经过长期地、一步步地努力，通过多种方法明白了同一过程或概念。然而，一旦真正理解并融会贯通，这个过程或概念就会被压缩在大脑里。你可以把它"存档"，需要时很快就能调用，而且是一步到位。压缩性是数学真正的乐趣所在。[13]

你可能会想，几乎没有学生会认为数学有"真正的乐趣"，部分原因在于我们只能压缩概念。因此，学生对数学进行概念性学习——多角度地理解概念、灵活地运用数字，他们就会产生概念性理解，进而生成可被大脑压缩的概念。然而，如果学生认为学数学就是记忆，他们就不会产生概念性理解，也就无法生成可被大脑压缩的概念。[14] 他们学到的数学知识，不是被压缩在大脑里的概念，更像是记在大脑里的方法"阶梯"——层层叠叠、向上延伸的"天梯"。

我向教师和家长谈到这项研究时，他们问我："如何让学生进行概念性学习？"**概念性学习有很多种方法**。首先，必须让学生明白方法为何有用，而不只是告诉他们方法并让他们记住。在上一章里，我谈到了提问学生对某个知识点的看法。这种做法就很有价值，有助于学生对知识的概念性理解。

算术教学还有一种概念性学习法：数字对话（number talks）。它由鲁斯·帕克和凯西·理查森首次提出，并经凯茜·汉弗莱斯（Cathy Humphreys）和谢丽·帕里什加以完善。该方法涉及的，是采用不同的方法来解答算术题。学生不用纸笔，而是采用心算。然后，教师收集学生不同的计算方法。我在辅导其他教师使用"数字对话"时，还建议他们收集图解法，以促进大脑不同神经通路的激活。为了加深理解，请不要继续阅读或提前查看答案，先试试心算"18 × 5"。

下面是"18 × 5"的 6 种图解法：

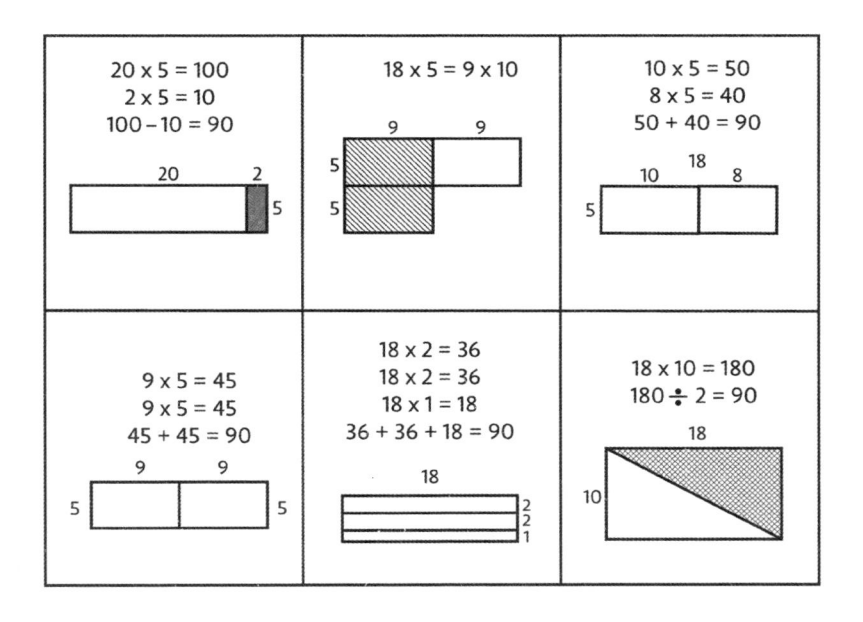

20 × 5 = 100 2 × 5 = 10 100 − 10 = 90	18 × 5 = 9 × 10	10 × 5 = 50 8 × 5 = 40 50 + 40 = 90
9 × 5 = 45 9 × 5 = 45 45 + 45 = 90	18 × 2 = 36 18 × 2 = 36 18 × 1 = 18 36 + 36 + 18 = 90	18 × 10 = 180 180 ÷ 2 = 90

任何算术题都可以采用不同的解题方法,将数字分解成20、10、5、100等更为"友好的"数字。这样做,计算会变得更容易,还能促进思维灵活性("数感"的核心要素)。我们应该鼓励学生多角度地看待和解决数学问题,而不是把数学教成一长串的解题方法并让学生记忆。

我告诉听众,哪怕是最简单的算术题,也可采用多种解题法。此时,很多人都感到吃惊和如释重负。一天,我受邀会见了斯坦福大学教授、发明家塞巴斯蒂安·特伦(Sebastian Thrun)及其"优达学城"(Udacity)团队。特伦发明了自动驾驶汽车,也是慕课早期创建者之一。现在,他正致力于设计飞行汽车。第一次给教师上在线课程时,我对他做过专访,帮助他传播他的数学和教学观念。

见到特伦后,他邀请我去"优达学城"和他的团队聊聊。那一天,房间里座无虚席,坐满了工程师。我们挤在一张大桌子旁,其他人倚墙而站。特伦问我什么是学习数学的好方法,于是,我问他们是否愿意一起解答一道数学题。他们同意了。我让他们计算"18×5",然后我搜集他们不同的解题方法,并把它们写在书写板上,还给他们看了图解法。整个团队感到很震惊,有些队员甚至立即冲到街上,开始采访路人,让路人计算"18×5"。后来,他们设计了一个小型的"18×5"在线课程,制作印有"18×5"的T恤衫并穿着在"优达学城"上班。

我将同样的解题方法告诉了另一位杰出的技术引领者吕克·巴瑟勒（Luc Barthelet），他领导了"模拟城市"游戏（SimCity）的研发，并担任在线计算数据网站 Wolfram Alpha 的执行董事。对于我的方法，他感到非常兴奋，见人就让解这道题。当然，能用多种方法解决的，并非只有"18×5"这一道题。发现数学题可以有多种创意解法，这些人（和数学打交道的高成就者）感到如释重负。

多维度的、创造性的解题方法，为何会让人感到吃惊呢？一位做过"18×5"解题训练并为之感到震惊的女士告诉我："我不是不知道这样处理数字，但我以为这样做是'不被允许的'。"

一位英国教师谈到了他采用"数字对话"这一方法进行教学的经历。他让班上的优等生尝试用"数字对话"计算"18×5"。优等生们相互分享不同的解题方法，并进行了激烈的讨论。然后，他又问班上的差生同样的问题，结果谁也不说话。差生们运用计算法则也算出了答案，但再无其他的算法。他建议差生采用其他的算法，比如先计算 20×5。他们吃惊地对他说："老师，我们还以为不能这样计算呢。"优等生已经学会了灵活处理数字，差生还没有学会，他们以为灵活处理数字是"不被允许的"。

这就说明，传统的数学教学法是有害的——人们会以为，灵活处理数字是不被允许的，数学就是遵循规则。难怪那么多人讨厌数学。我在很多场合都注意到了这个问题，整个国家、所有学生都存在这个问题。不过，教学实践以及格雷和塔尔的研究结果表明，这个问题在差生中尤其突出。

做数学题,有一个特别有用的方法:缩小法。碰到复杂的问题,可以用小数字尝试,问题的内在模式通常就会显现出来。高斯求和法就是一个精彩的例子。"缩小法"被普遍运用,不管是数学教师还是辅导孩子数学的家长,了解它都会从中受益。

卡尔·弗里德里希·高斯(Carl Friedrich Gauss)是 19 世纪德国数学家。高斯小时候的故事广为流传,虽然我不知道准确性如何,但非常精彩!高斯上小学时,他的老师觉得有必要让他做些难题,于是就给他布置了一道老师认为需要很长时间才能做出来的算术题:从 1 加到 100。但小高斯发现了其中蕴藏的有趣模式,不需要把所有数字逐一相加。他发现:1+100=101,2+99=101,3+98=101……共有 50 个 101,数字之和即为 50 × 101。

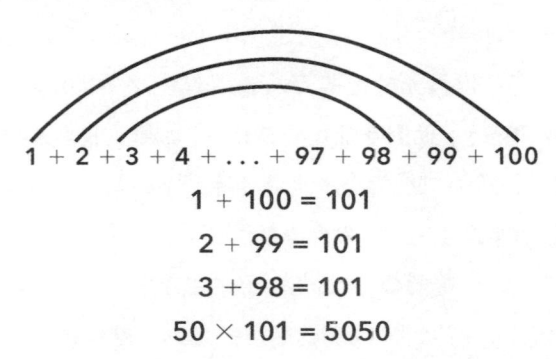

$$1 + 2 + 3 + 4 + \ldots + 97 + 98 + 99 + 100$$
$$1 + 100 = 101$$
$$2 + 99 = 101$$
$$3 + 98 = 101$$
$$50 \times 101 = 5050$$

要理解高斯求和模式,可以用小数字尝试。例如,看看数字 1 到 10 相加的情况。

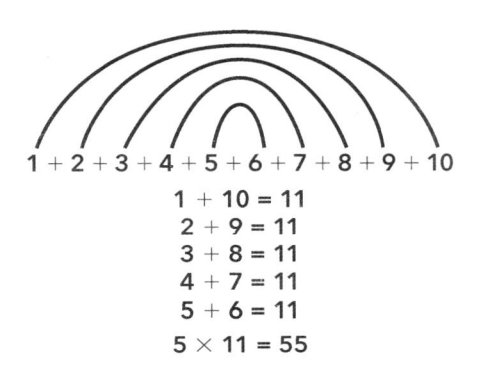

$$1+2+3+4+5+6+7+8+9+10$$
$$1+10=11$$
$$2+9=11$$
$$3+8=11$$
$$4+7=11$$
$$5+6=11$$
$$5\times11=55$$

这组小数字告诉我们，大数字与小数字依次组合相加，和是相同的。如果你还想挑战自己、给大脑生长的机会，可以用高斯求和法计算奇数个连续数字相加之和。

"缩小法"本来就是一种数学方法，但是，我教学生这种方法时，却遭到了差生们的抗拒。我知道其中的原因。他们一直被教导：数学就是一套必须遵循的规则。不做应做之题而改做他题（改写问题），这种方法对他们来说完全是陌生的，似乎有违他们所学的那些"规则"。

在我看来，学会"玩"数学，将数学视为多维度学习的开放性学科，这也是对待人生的重要观念。我这样说，并不是夸大其词，因为我知道，人们一旦改变数学观念，就会改变自我潜能的观念，继而改变自己的人生，拥有原本无法拥有的成功体验。他们不但可以在校学好数学和 STEM 学科，还能够培养自己的数理阅读素养，深入理解金融、统计以及其他与数学相关的领域。

拥有开放的、概念性的、非限时的数学学习体验，学生就会拥有不可思议的自由感。俄亥俄州四年级教师尼娜·萨德尼克给我讲了一个故事——一个学生因为一道概念性数学题而获得了"解救"。从教之初，尼娜惊讶地发现，她的学生已经学了四年数学，却对数学知之甚少。为了弄清楚其中的原因，尼娜开始查阅资料，最终读到了我早年出版的《这才是数学》。她回忆道：

> 我开始读这本书。如果你看到它，就会发现书中几乎所有的句子，我都在下面画了横线。我的大脑开始"炸裂"，在此之前，很多观念一直困扰着我，但我根本无法说清楚。我不明白，这些学生学数学为何如此困难。

暑假结束后，尼娜回到学校，开始改变教学方法。第一年年底，她班上64%的学生达到了"熟练掌握"水平。尼娜改变教学方法后的第二年，这一比例升至99%。

尼娜采取的一个重要举措，是改变每日和每周的评价方法。过去，她会批改学生试卷的正误，然后把试卷发还给他们——这种评价方法会向学生传达"成绩固化"的信息。现在，尼娜开始给学生的试卷写评语，指出他们已经理解和尚未完全理解的地方。起初，学生们拿到试卷就查看正误题数，却一无所获。尼娜说，她现在认为，学生的考试成绩只表明其在理解"光谱"上的位置。

尼娜还给学生布置更有开放性和概念性的数学题，其中有一题就来自我们的"励志数学周"（我们每年都在 youcubed 网站上分享一套开放性的创意数学题），该题是数学历史上悬而未解的一个问题：考拉兹猜想（Collatz conjecture）。我们在网站上是这样表述的：

- 找任何一个整数。
- 若该整数为偶数，则除以 2。
- 若该整数为奇数，则乘以 3 再加 1。
- 照此一直运算下去，直到数列终结。
- 另选一个整数，照此运算。你认为结果会如何？

所有人都发现，该运算数列的最终结果均为 1，但谁都无法证明。这个问题也被称为"冰雹猜想"，因为这些数字呈现的模式与冰雹相似：上升，然后坠落。

雨滴被风吹送至高空冰点，然后旋转、凝结、变大，直到因重量过大而掉到地面，形成冰雹。

冰雹的形成

雨滴被风吹送至高空冰点,然后旋转、凝结、变大,直到因重量过大而掉到地面,形成冰雹。

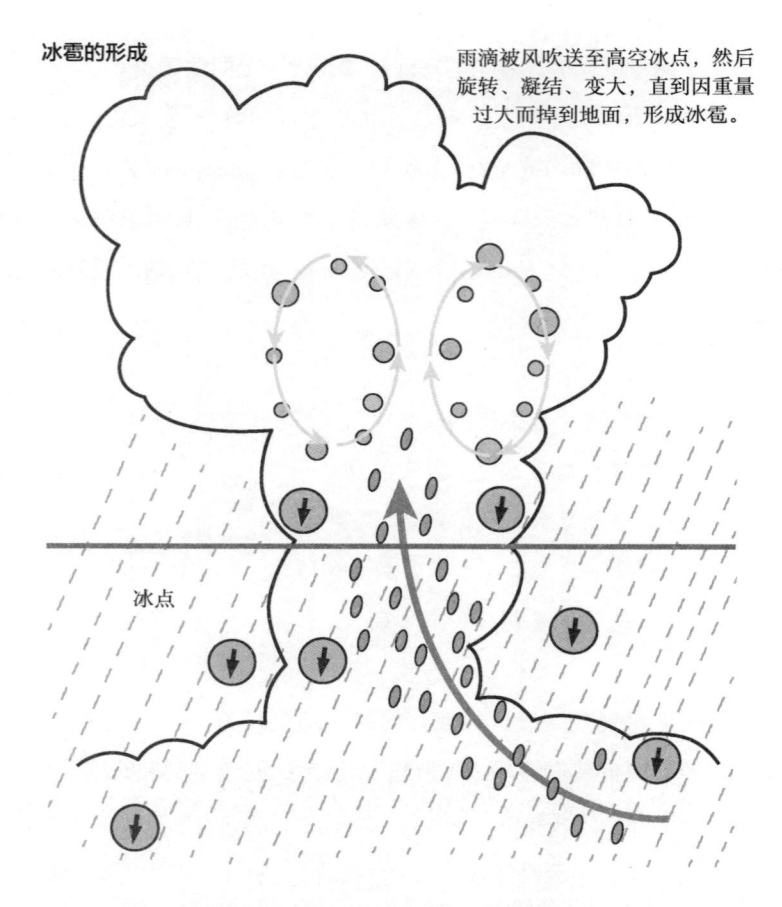

冰点

这个猜想还无人能证明,但我们认为完全适合三年级以上的学生去尝试。很多教师让学生去做,鼓励他们成为找到结果不为 1 的整数的第一人。学生们当然喜欢做这个。在推特上,我们看见老师贴出了很多学生制作的有关猜想的精美图片。

"冰雹猜想"视觉呈现图

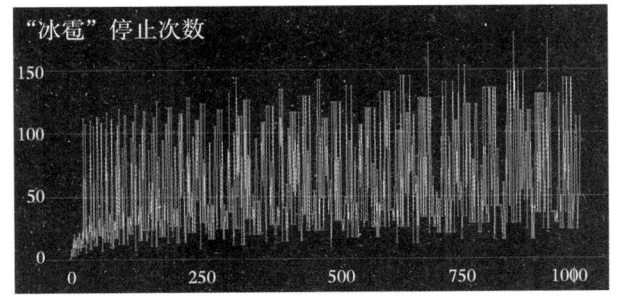

停止次数 ← (y轴)
起始值 ← (x轴)

学生制作的各数字停止次数图

乔迪是尼娜的一名学生,她身体不好,因此经常缺课、无法完成家庭作业。数学压根儿就不是她喜欢的学科,但这个"冰雹猜想"让她着迷。有一天,尼娜注意到乔迪在校园里闲逛,衣服口袋里装满了小纸片。一连几个星期,尼娜发现她的口袋越来越鼓胀,纸片都开始掉出来。最终,尼娜问她口袋里装了什么东西。乔迪掏出口袋里的纸片递给尼娜,上面画满了各种不同的图案。那几个星期,乔迪一直在思考"考拉兹猜想",画出了一个个图案。尼娜回忆道:

> 她知道那些图案,并为此感到非常自豪。我说:"我不在乎你今后是否能完成作业,你可以继续演算'冰雹猜想'。"很多孩子都说:"天啊!数字16每次出现,都会回到同样的模式。"我说:"哦,真是这样。"乔迪很有成就感。也许,这是她学习数学以来第一次拥有成功的感觉。所以,我要为此感谢你。

最近,国际学生评估项目(PISA)团队发布的一份评测报告,清楚地表明了现有教育体制强调记忆而非概念性学习所带来的负面影响。该评估项目由总部位于巴黎的经济合作与发展组织(OECD)主办,每隔三年就对全球15岁学生的解题能力进行评测。几年前,我受邀前往巴黎加入国际学生评估项目团队,帮助分析评测结果。

到达巴黎的第一天早上,我刚在办公桌前坐下,国际学生评估项目团队的成员就问我:"美国学生的 π 学得如何?"他们话有所指：所有与 π（圆的周长与直径之比值，为始于 3.14 的无理数）相关的问题，美国学生都做得一塌糊涂，排名全球末位或倒数几位。我告知了他们答案。

离开英国移居美国后，我随时都在留意关于 π 教学的奇怪现象。在美国，老师要求学生记忆 π 值，位数越多越好。π 值通常被省略为 3.14，但它是无限延长的。这使得美国学生以为 π 是一个"永远没有尽头的数字"，从而遮蔽了圆周与直径关系的真正意义。实际上，π 代表的关系是动态的、有趣的，因为圆周与直径的比值是固定的，与圆的大小无关。

最近，我让教师回去问学生 π 的意义，看看学生会怎么说。果然，教师们报告说，他们的学生都说 π 是一个很长的数字，没有一个学生提到圆或比值。难怪美国学生在国际学生评估项目测试中所有涉及圆的题目都做得很糟糕。出于好玩让学生记忆 π 值，这本身没有任何问题，但除此之外，还应该让学生深入地理解圆的概念及圆的周长和直径的相互关系。

2012 年，国际学生评估项目团队不但评测了学生的考试成绩，还评测了其学习方法。学生不但要做数学题，还要填写学习方法调查问卷。他们的学习方法可以归为三大类："记忆法"（学生拼命"背诵"记忆所学知识）；"关联法"（学生将新知识和已学知识建立联系）；"自检法"（学生评估自己所学知识的掌握情况，找出需要加强学习的地方）。

所有受评国家中，采用"记忆法"的学生都是差生，采用"记忆法"学习的学生数量较多的国家（美国就是其中之一）在全球评测中的排名均为倒数。[15] 相比之下，采用"自检法"和"关联法"的法国和日本学生，成绩均高于采用"记忆法"的学生，相当于一年以上的学习效果。这项全球性研究的结果表明：采用"记忆法"学习数学，是不会提高成绩的；理解概念及其相互关系，才可以提高成绩。

这项研究表明，美国的数学教学问题成堆。数学是一门概念性和关联性很强的学科，应该进行概念性和创造性的教学。但是，如果学校继续将数学当成记忆解题步骤的学科，重视那些记忆力好、能够快速"反刍"记忆内容的学生，那么，思维慢但有深度的学生就会远离数学。即使是数学成绩优异的学生，也会渐渐"疏远"数学。改变教学方法，数学的大门就会敞开，学生就可以进入崭新的数学世界。他们学到的数学概念会被压缩在大脑中，成为理解的牢固基础。他们会将数学思维装入自己的"工具包"，不只是用于数学课堂，也会用于其他学科的学习。现有的教育体制下，拥有灵活的思维，能够成长为各领域里领军人物的优秀学生为数甚少。

上一章提及的马克·皮特里和本章提及的尼娜·萨德尼克，他们在学到本书分享的这些思维观念之前，都是非常优秀的教师，他们班上也有不少成绩优异的学生。但是，两位教师在教学中强调思维深度和创造性，告诉学生深度思考的重要性之后，他们班上数学成绩优异的学生的数量明显增多了。

正如美国20世纪60年代重要的民权领袖鲍勃·摩西所言,良好的数学关系是一项民权,可以打开学校和人生的大门。很多学生认为:知识越丰富,理解度和熟练度就会越高,他们的学习任务就是积累知识。但是,现有研究表明,思维灵活的学生,学习效率更高、成绩更好。事实上,知识过于丰富,反而会抑制思维的创造性和灵活性。[16]正因如此,有些问题需要找到模式和意想不到的联系才能想出创造性的解决方案。能够解决这种问题的,往往不是受过训练的专业人士,而是那些"门外汉"。

亚当·格兰特(Adam Grant)写过一本书,书名叫作《离经叛道:不按常理出牌的人如何改变世界》(*Originals: How Nonconformists Move the World*)。他在书中指出:长期以来,我们看重的都是那些循规蹈矩、记忆力好的学生。他提到,美国那些通常被视为"神童"的学生——"2岁能阅读,4岁能弹巴赫,6岁学会微积分"——长大后几乎都未能推动世界。学者们研究发现,历史上最有影响的人物,几乎都不是那些从小被视为"神童"或"天才"的人。学习成绩优异的人,往往"无法发挥其超常的能力,表现平平,工作中不会打破惯例,也不会'兴风作浪'"。格兰特总结道:"我们需要这些人保持世界的平稳运转,但是,他们会让我们原地踏步。"[17]推动世界前进的人,是那些有创造性、思维灵活的人,是那些打破常规、思维不受条条框框限制的人。

很多人也知道思维的创造性和灵活性非常宝贵，但他们没有把它和数学联系起来。事实上，他们眼中的数学不过是遵循规则、服从老师。将数学同创造性、开放性和灵活性结合起来，它就会给人带来奇妙的"自由"感。这种感觉，每个人都应该有所了解和体验。有了这种感觉，人们就不会怀念过去的那种数学。

所有的学科和人生道路，都会受益于思维的深度和灵活性。我们不知道未来需要解决什么问题，但很可能是我们从未想到过的问题。脑子里装满可以快速复制的内容，是无助于解决未来的那些问题的。相反，训练思维的深度、创造性和灵活性，可能会有用得多。有人研究了"天才"们的大脑，结果发现，其思维的灵活性远高于常人。他们会采用不同的方式处理问题，而不是依赖于记忆。追求速度，方法僵化，不会让我们走得太远。在教育和其他领域，我们每个人都应该质疑速度和记忆的种种"益处"，转而注重思维的灵活性和创造性。这样做，有助于我们解锁自己和他人的潜能。

06
合作突围

前面五把学习钥匙可以帮助我们解锁无限的学习潜能和人生潜能，总结了如下观念：

- 大脑的可塑性与生长
- 挑战和犯错有益于大脑生长
- 观念与思维
- 提升大脑连通性的多维度教学法
- 思维灵活性

这些学习钥匙都可以解锁我们的潜能。有时候，单凭其中某把钥匙，我们也可以获得不可思议的解锁效果。如果你认为自己学不了某门学科，只有思维敏捷的人才能学会，那么，知道这些观念是不正确的，你就能自由地追求所选的道路。本章将分享第六把钥匙，不过，它也可能是解锁的结果。它主要关注的是：与人交往和交流想法。交流与合作会给学习和人生带来巨大的益处。

> **学习钥匙 6**
>
> 与人交往、交流想法，
> 可以促进神经通路生长、提升学习效果。

合作为何重要？

我这一生遇到过不少精彩的事情，有的是通过研究，有的是通过个人经历。在这些事情中，交往和合作带来了令人惊喜的结果。有些与学习有关，有些与追求教育公平有关，有些与促进观念革新有关，哪怕是遭到激烈的反对。这些事情说明了神经学正在证明的一点：与人交往、交流想法，可以给我们的大脑和人生带来诸多益处。

得克萨斯大学奥斯汀分校的数学家乌里·特雷斯曼（Uri Treisman）曾任教于加利福尼亚大学伯克利分校。在伯克利分校任教期间，乌里注意到，选修微积分的非裔美国学生中，60% 无法通过该门课程，很多人都被迫退学。乌里开始查阅该校更多的学生数据，结果发现，没有一个华裔学生没有通过微积分课程。于是，他提出了一个问题：两个文化族群存在什么差异，才造成了这种学习成绩的差别？

起初，乌里询问了数学系的其他同事原因何在。他们给出了多种原因：非裔美国学生的数学入学成绩较低或数学基础不够好；他们的家庭经济状况较差。这些原因都缺乏说服力。通过对这些学生学习情况的研究，乌里发现他们之间只存在一个差异：非裔美国学生是独自完成数学作业的，而华裔学生是合作完成的。华裔学生会在寝室或餐厅一起做老师布置的数学作业，大家一起思考。相比之下，非裔美国学生独自在寝室里做作业。一旦碰到难题，他们就认定自己没有"数学脑子"，于是就选择放弃。

乌里和他的团队为"弱势"学生（包括有色人种学生）开设了研讨课，为他们营造乌里所说的"有挑战性但有情感支持的学习氛围"。[1] 在研讨课上，学生们一起做数学题，共同思考最佳的解题方法。学生们的成绩得到了显著提高。两年后，非裔美国学生的微积分课程未通过率降至0%；参加研讨课的非裔和拉丁裔学生，成绩普遍优于同班的白人和亚裔学生。这是项非常不错的成就。到奥斯汀分校后，乌里继续采用这种教学方法。如今，超过200所高等教育机构都在采用乌里教学法。谈到自己的经历，乌里说：

我们要在迎新见面会上告诉学生：在大学，要想学业成功，就必须和同学合作，为自己创建一个基于共同学术兴趣和相同职业目标的学习社区。不过，要教会他们如何合作学习，需要花一些时间。之后，一切都会变得小学教学般简单。[2]

大学生已经在校学习了13年，现在还需要老师教他们如何合作学习，这一事实说明现有学校体制存在着诸多问题，包括通行的教学模式：老师在课上讲，学生独自做题。乌里的研究团队说得没错，在大学，学业成功需要与人合作、与人交流。很多人都知道合作的重要性，但并不清楚合作对于学习的作用。乌里及其团队鼓励学生相互合作，改变了他们学习数学的路径，让他们获得了成功。虽然这个故事与大学微积分有关，但换成其他任何课程，都会获得同样的结果。

学生之所以放弃学习，部分原因是他们发现学习很困难，认为自己是"孤军奋战"。共同学习，发现每个人都会觉得某些或所有作业很难，此时，学生就会发生重要的改变。在此关键时刻，他们会明白，对每个人而言，学习都是一个过程，很多人都会碰到障碍。

学习路径发生了改变，还有一个原因：学生有机会交流想法。与人交流想法，既需要较强的理解力，也可以提升理解力。只要合作学习（数学、科学、语言、英语——任何东西），学生就有机会彼此交流想法，这对他们而言是非常宝贵的。

有一项大型的评测项目，同样发现了有价值的结果。2012年，国际学生评估项目（如前所述，全球15岁的学生参加的国际性评测）的结果表明，在38个国家中，男生的数学成绩优于女生。[3]这个结果令人失望，也让人意外。在美国和其他大多数国家中，女生和男生的在校数学成绩是相同的。这再次提醒我，考试无法反映学生真实的能力水平和知识掌握情况。

国际学生评估项目团队发布的一项报告，也突出地表明了这一点。该报告指出：将焦虑因素纳入分析，女生的成绩与男生的成绩存在较大差距，原因是女生的自信心不足。[4]从表面上看，这是数学成绩的性别差异，但实际上是数学自信心的差异。需要独立完成的数学考试，会让女生更加紧张，这一现象已得到充分的证实。[5]因此，基于考试成绩而做出决定之前，教育者应该三思而行。

国际学生评估项目团队进行的另一项评测还表明，改变测试环境与合作学习，就可以降低学生成绩的性别差异。除了需要独立完成的常规数学测试，学生还需要合作解决问题。在这项测评中，学生不是同其他学生合作，而是同电脑合作。他们接受计算机的指令，同它交互并合作解决复杂的问题。[6]我认为，这种测试得出的结果，要比学生单独测试的数学成绩更有价值。学生不是独自复制知识，而是要考虑对方的想法，合作解决复杂的问题。

这项有51个国家参与的合作解题测试中，所有国家的女生的表现均优于男生。评测团队还有另外两个发现。其中一个发现是，优势学生与弱势学生的表现并不存在明显的差异，这是一个罕见而重要的发现。另一个发现是，在有些国家，学生多样性促进了他们成绩的提高。评测团队发现，有大量"移民"学生的学校中，"非移民"学生的成绩得到了提高。这个了不起的发现表明，多样性的学习社区有助于提升学生的合作积极性。

国际学生评估项目关于合作解决问题的评测结果，说明了追求教育公平的重要性，也表明单独测试的歧视性——这一点，所有在重要考试中感到紧张的人都非常清楚。女生与他人（哪怕是电脑）合作学习，自信心增强、成绩提高，这说明了什么？同样，通过合作学习，非裔美国学生的微积分成绩从不及格到超过此前成绩更好的其他学生，这又说明了什么？这项测评研究表明，合作学习不仅有益于女生和有色人种学生，也有益于所有的学习者和思考者。与他人交流想法，可以提升你的大脑功能、理解力，以及扩大视野。

神经学家也证实了合作的重要性。研究表明，与人合作的时候，大脑眶额皮层中部（mOFC）和额顶网络（FPN）会被激活（后者有助于提升大脑的执行功能）。[7]神经学家将这两个脑区称为"社会脑"。与人合作时，大脑必须完成理解对方想法、学会互动等复杂的任务。大脑的社会认知是神经学研究的新课题。

对于学习、大学学业成功、大脑生长和创造教育公平，合作都具有至关重要的作用。此外，合作还有利于建立人际关系，尤其是在与人发生冲突和需要帮助的时候。

维克多·格策尔（Victor Goertzel）和米尔德丽德·格策尔（Mildred Goertzel）研究了700位对社会做出过巨大贡献、至少是两部传记传主的名人，包括居里夫人和亨利·福特。他们获得了惊人的发现：从小得到家庭支持的名人所占比例不超过15%，75%的名人小时候的家庭都有"贫困、虐待、父母缺位、酗酒、重病"等严重问题。[8]他们的这项研究完成于20世纪60年代。临床心理学家梅格·杰伊（Meg Jay）发表于《华尔街日报》上的一篇关于复原力的文章，引用脱口秀女王奥普拉·温弗瑞、"星巴克之父"霍华德·舒尔茨和篮球巨星勒布朗·詹姆斯等从小历尽艰辛的名人作为例子，指出：今天，我们可以得出同样的结论。[9]

杰伊对复原力进行过多年的研究，她指出，经历困苦的人，往往会更成功，但并不是因为有人所认为的"复原"。因为复原需要时间，所以更像是"战斗"，而非复原。她还指出，经历过困苦的人，如果保持自信、拥有"战斗意志"、与他人交往，最终都会从困苦中受益，变得更加强大、复原自我。那些战胜困苦、没有被困苦打倒的人有一个共同点：需要帮助之时，他们会求助于他人——朋友、家人或同事。有了这些人的帮助，他们得以幸存并变得更加强大。

合作的力量：两个案例

我曾经是霸凌的受害者，我能战胜霸凌，完全是因为我学会了与人合作。我从伦敦国王学院来到斯坦福大学，霸凌就开始了。当时，我刚读完博士，完成了一项非常详尽的研究：两所学校的学生构成十分类似，但数学的教学方法非常不同。这项研究获得了当年英国教育学"最佳博士论文"，出版之后还获得了教育学类"最佳图书奖"。

我对全年级的学生展开了为期三年（从学生13岁到他们16岁）的跟踪研究。我做了300多小时的课堂观摩，观察学生学习数学的情况。三年研究期间，我每年都要同教师和学生座谈。此外，我还请学生完成用于测评的应用性数学题，并且仔细分析了学生在英国国家考试中的成绩及其解题方法。研究结果很有启迪性，英国各大报纸争相报道。采用传统教学法的那个学校——大多数英国、美国及其他一些国家的学校均采用这种教学法，老师讲解方法，学生完成封闭性的教材习题，该校学生在全国考试中的数学成绩，明显低于那些通过开放性的应用性专题学习数学的学生。[10]

通过数学专题进行教学的那个学校，大多数专题需要几堂课才能完成，学生需要采用多种解题方法。该校的学生更喜欢数学，在全国考试中的数学成绩明显更高。[11] 该校学生的成绩优于采用传统教学法学校的学生，原因在于他们将每道题都当成多维度思考和解题的机会，而接受传统教学法的学生则通过拼命回忆所学知识来解决问题。此外，传统教学法也无力改变男女生之间以及来自不同社会阶层的学生之间存在的教育不公平的情况。学生入读采用专题教学法的学校时，这些不公平的情况原本是存在的，但在三年研究期内，它们被逐渐消除了。

我对两所学校在全国考试中数学成绩相当的一群毕业生（现在为 24 岁左右的成年人）进行了跟踪研究。结果表明，采用专题性教学法的那所学校的毕业生，现在所从事的工作专业性更强、薪水更高。[12] 他们报告说，他们在工作中也会用到学校所学的数学方法——提问、运用方法、调适方法，并且在跳槽和申请晋升方面更为积极主动。采用传统教学法那所学校的毕业生则报告说，他们从未用到在校所学的数学方法，而且似乎还将在校学到的消极方法带入了生活之中。

攻读完博士学位的那个夏天，我在希腊雅典举行的一次学术会议上宣读了上述研究结果。斯坦福大学教育学院院长和数学系遴选委员会主席找到我，他们刚才听完了我宣读的报告，他们告诉我，他们正在物色一名数学教育教授，希望我考虑去斯坦福。当时，我还是伦敦国王学院的研究人员和讲师，对自己的工作非常满意。于是，我告诉他们我不感兴趣。几个月后，他们给我寄来了加州的风景画册，劝说我前去面谈，同时亲身感受一下斯坦福大学和加州。

最终，我同意去加州待上几天。我迷上了这个地方，于是，当年晚些时候，我搬到了斯坦福。

我搬到这里几个月后，一位名叫詹姆斯·米尔格拉姆的数学系教授给我发来一封电子邮件，希望同我见面。我对他不太了解，但还是同意去他在数学系的办公室见面。这次会面并不愉快。他告诉我，美国教师不懂数学，我在美国宣扬的那些研究证据是危险的。我当然予以反驳，但他并不感兴趣。我离开了，感到非常震惊。然而，与他接下来的所作所为相比，这次会面根本算不上什么。

几年后，我获得了美国国家科学基金会颁发的"总统奖"，颁发对象为STEM学科最有前途的研究人员。该奖资助的研究项目，与我在英国的项目比较接近。为了这个新项目，我和研究生团队对三所采用不同教学法的中学近700名学生展开了为期四年的跟踪研究。

这项研究的结果，同我在英国那个研究项目的结果非常相似。多维度解决复杂问题、主动学习数学的学生，成绩明显好于那些照搬老师演示方法的学生。此外，他们建立起的数学观念也明显不同，主动学习数学的学生，中学毕业后报读与数学相关的专业的意愿比其他学生高10倍。[13] 而那些被动学习数学、看着老师解题的学生（即使数学成绩优异）则告诉我，他们恨不得马上扔掉数学，今后也不会选择开设有数学课程的专业。

这项研究结果发布后，米尔格拉姆指控我学术不端。这可是非常严重的指控，斯坦福大学必须依照规定予以调查，我的学术生涯可能因此而终结。根据学校的要求，我将最近四五年搜集的数据全部交给了斯坦福教授委员会。斯坦福开始针对米尔格拉姆的指控展开调查，但根本没有发现任何质疑研究结果的证据，于是终止了调查。但米尔格拉姆并没有完，他接着又编造了大量谎言，并在网上发布。起初，我接受了斯坦福大学的建议，决定不予理会。然而，整件事情让我非常失望。于是，我决定搬回英国。

我获得了享有盛名的欧盟玛丽·居里奖学金，资助我随后三年在英国萨塞克斯大学的研究工作。我希望新的环境可以帮助我忘掉那几个月的不快记忆，也让我的两个女儿（一个4岁，另一个6个月大）得到良好的成长。但接下来的三年里，我发现人们仍在阅读并相信米尔格拉姆对我的指控。

米尔格拉姆并不是唯一阻止数学改革的人，他的同谋者也在网上发布谎言，指责我伪造数据，还说我在英国研究的那两所学校"只存在于我的大脑中"。在一个他们认为很隐秘、只有阻止数学改革的人才能访问的网站上，有人写道："这是最糟糕的情况，一位顶尖大学的研究人员，伪造数据。"我的博士生导师——因杰出的教育贡献而被教皇授予骑士封号的科学家保罗·布莱克教授也对美国同行的攻击感到震惊，他写信给他们，但收效甚微。

斯坦福大学教育学院不断邀请我回去，继续担任那个仍然空着的教职。离开加州三年后的一个寒冷的2月冬日，我开始考虑这件事情。那天清晨，天还未亮，我冒着瓢泼大雨送两个女儿去附近的学校上学。回到家后,我擦干身子,打开笔记本电脑,发现我以前在斯坦福大学的一位同事发来一封电子邮件,询问我是否回去。也许是因为当天寒冷的天气或瓢泼大雨(我不确定),我第一次在心里想:"也许我应该回去。"同时,我也暗自承诺:回去之后,我一定奋起反击,阻止这场针对我的诋毁运动。

几个月后,我回到了斯坦福大学。很多人认为,我回去是为了逃离英国雾蒙蒙的天气,向往加州的阳光明媚、蓝天白云。这可能只是部分原因,真正让我想念的,是我在加州乃至美国时,人们给予我的温暖。在美国的那几年时间里,很多教师让我感到我的研究工作是在真正地帮助他们。

幸运的是,当时的斯坦福大学教育学院已经更换了新院长——克劳德·斯蒂尔。这位杰出的教授对"成见威胁"做过前沿性研究。他认真阅读了米尔格拉姆及其同伙所写的针对我的文章和其他文章。米尔格拉姆的同伙韦恩·毕晓普曾在一篇报刊文章中称非裔美国学生为"黑种小孩"。克劳德当即就认出了我们要对付的那种人。我们决定采取的对策非常简单——将他们辱骂和霸凌的细节写下来,并予以公开。

我还清楚地记得,那个周五的晚上,教育学院的其他同事都在聚会。我待在家里,按下电脑的"确定"键,在我的新网页上发布了那些人详细的霸凌行为。[14] 由此,事情出现转机。当天晚上,我登录推特,将我的第一个推文链接了那些学术霸凌的细节。它像野火般蔓延,那个周末,我的推文登上了热搜。48小时后,美国各地的记者纷纷联系我,要对整个事件做详细的报道。

后来还发生了其他的事情,我开始收到其他女教授和科学家发来的电子邮件。短短几天,我就收到了上百封对我表示同情的电子邮件,大部分电子邮件都详细讲述了她们所在大学男性教师的学术霸凌行为。这些邮件是对大学文化的控诉,表明我们的高等教育远没有实现性别平等。我敢说,本书的读者肯定会认为:现在,大学已经不存在歧视女性的现象了。但是,这些电子邮件明确地告诉我,仍然有很多身居高位的男人认为女性不属于STEM学科。他们也许没有意识到自己的歧视观念有多严重,不会对自己说过的话感到惊诧,但这些邮件所讲述的他们打压女性的种种行为,清楚地表明他们对女性存在歧视。

公开那些男人的霸凌和歧视行为之前,我曾寻求自我保护,在心里竖起围墙,封闭自己的想法和感受。我尽量不去想那些男人的行为,甚至不愿听到他们的名字。斯坦福大学曾经建议我不要将米尔格拉姆的指控告诉任何人,但是,接受这个建议后,我也将自己同那些本来可以帮助我的同事和朋友(还有律师!)隔离开来。

他们的霸凌行为被公之于众后,几周过去了,几个月过去了,我开始感到温暖——数万名教师、数学家或科学家给了我支持。我内心的那些围墙开始融化,我变得更加开朗。几个月后,我给其他数学教育学者做主题演讲,她们纷纷站起来,控诉自己的研究工作所受到的种种攻击——来自同一个男人的攻击。据她们所讲，那个男人让有的教师被开除，并将我这样致力于实现数学教育公平的研究者当作攻击目标。有人站起来说，数学教育领域需要有人站出来反抗霸凌。她们一直希望有人来带头，为此，她们要感谢我。

接下来的几年，我继续得到源源不断的支持。同时，我也越来越意识到那些男人的攻击行为有多么过分。他们在全国各地的学区发起运动，抵制数学教学改革，欺凌教师、学区官员和家长。然而，现在越来越多的人意识到必须进行教育改革。

我暂时忘掉那些攻击带来的创伤，决定更广泛地分享相关证据——通过在线课程和 youcubed 网站。写这本书的时候，距离我披露霸凌行为的那个夜晚已经过去了六年多的时间。在此期间，我们拥有了数百万的点击、下载和关注量，美国约一半的学校在使用我们的课程和资料。讽刺的是，我们受到如此巨大的关注，竟然是因为人们看见我站出来反抗霸凌。我的朋友们常说，我应该给米尔格拉姆送去鲜花，因为正是得益于他的"帮助"，才有那么多人知道了我的数学教育研究。

与人分享我的研究工作和诚信受到攻击的经历，开启了我与人交流的过程，对我产生了巨大的影响。在与公众交流之前，我曾孤独而行，独自承受着攻击，但后来，人们开始对我施以援手。他们的支持，让我的内心发生了明显的变化。我能清楚地意识到这种变化，也许是因为我曾深受伤害、内心封闭，并经历了过渡阶段。"越磨砺、越锋芒"这句歌词说的就是我,因为我变得更加强大,而且我清楚,这都源于我战胜了那些攻击。

分享自己的经历、与公众交流帮助了我,也帮助了那些与我交流的人。通过这种交流,我学会了如何解锁,如何敞开心扉,而不是封闭自我。

霸凌依然冲我而来,尤其是社交网站上的匿名辱骂。那些人以为,他们可以随意侮辱、肆意辱骂这个致力于教学改革的女人。但现在的我已经足够坚强,读到攻击性文字的时候,我会坚信一点:"你受到抵制,说明我具有足够的颠覆性。"

现有的教育体制已经造就了太多的失败者,我们必须质疑它。因此,我提出改革这个"最佳"体制并受到他人攻击时,我能够置之不理。我知道,他们抨击我,是因为我的建议影响到他们了。我学会了改变应对攻击的方法——不是为此感到沮丧或自我怀疑,而是把它当成一个机会。

这种观念转变非常重要。不管是学习还是职场,如果你想做出建设性的改革或提出新的建议并因此受到他人的攻击或嘲笑,那就把它视为革新的信号。抵制是一种积极的信号,它说明,招人忌恨的想法具有强大的变革力量。"巴纳姆-贝利马戏团"的创建者费尼斯·巴纳姆(电影《马戏之王》的原型人物,由休·杰克曼饰演)曾经说过:"与众相同的人,有谁带来过变革?"

我喜欢这句名言,它让我明白,新观念虽然重要,但要让某些人接受它,绝非易事。人们最难接受的,是那些非常重要但与现状相冲突的观念。我在传播那些基于神经学证据的学习新观念时,我告诉听众,他们与人分享那些新证据时,可能也会遭到抵制。人们过于执着地认为智力和学习能力是由基因决定的,因此任何与之冲突的观念,他们都会反对,那些从中受益的人更是如此。我遭受过并仍将遭受的攻击行为,不但让我更加强大,还有助于更广泛地传播重要的研究结果和证据。

有人问我是如何应对那么多年来所遭受的侮辱——对我作为研究者的诚信和作为人的价值的侮辱,此时,我很清楚,改变这一切的,是我的一个行动:与他人分享经历,并得到全球各地的教育家和科学家的积极响应。正是因为与人交流——有些是面对面交流,大部分是在线交流,我内心的创伤才得以愈合。有人问我,他们的工作受到诋毁时应该怎么做,此时,我总是建议他们找人交流。在线交流变得前所未有的便捷,但并非人人适用。对有些人而言,最好是寻求同事或家人的帮助。但不管怎么做,这种交流都是极其重要的。

作为家长、教育者或管理者,我们如何突破自我,与他人交流和合作?回答这个问题之前,我想再讲一个关于合作的故事。这项合作开始于一所中学,如今已发展为全球性的运动。

肖恩刚上高中,就跌入了人生的低谷。那是一所典型的美国中学,规模庞大,他原本满怀期待,但几周之后就感到"从未有过的孤独"。在一个观看量高达数万次的视频里，[15]肖恩说，他感觉自己是一个局外人，一个不属于那里的人。正是这种强烈的空虚感，促使肖恩去见了辅导员。他认为，见过辅导员后，也许就可以转校了。

然而，见面结束时，他得到的建议是加入学校的社团。起初，肖恩对此心存怀疑。不过，他还是加入了几个社团，并发现情况有了转变。走廊上有人向他问好，他越融入校园生活，就越有归属感。肖恩发现：越有归属感，自我感觉就越好；越融入其中，就越有"关联感、动力和激励"。回想这段经历，他说，他以前觉得自己是局外人，是因为自己独来独往，唯一改变的，是让自己融入其中。因为这个，一切才有了转变。这种改变影响巨大，肖恩开始鼓起勇气与他人分享自己的经历，从而开启了一项全球性运动——帮助青少年增进人际交流。

肖恩最初的想法，是在学校举行一场集会，帮助其他同学明白人际交流的重要性，然后根据其兴趣匹配社团。他们预计会有50人参加，但消息传开后，竟然有来自7所学校的400名同学参加集会。第二年，人数增长至1000，而且每年都会增长。肖恩开创的这项叫作"算我一个"（Count Me In）的运动，如今已影响了上千万人，全世界100多个国家的学生都会观看他的演讲课。接受我的访谈时，他特别强调，今天的青少年在建立有意义的人际交往上面临着种种挑战：

在我看来，今天的青少年比任何一代人都更难。他们不但要应对前辈们的那些问题，还要应对同辈带来的压力、霸凌、社交孤立等新问题，这些问题会对一个人的成长和人生道路造成伤害性影响。有了现代科技产品、智能手机，再加上经常上网、脱离现实和社群，今天的每个孩子随时都面临上述问题。我认为，社群交流是自我锻造的关键。这样我们才能看见不同的世界，拥有更强的自我接纳感和归属感。

他提到的这一点至关重要，他倡导的致力于促进人际交流的运动，也正是青少年迫切需要的东西。正如他在访谈中所言：

越参与其中，就越能融入社群，越有归属感，越能看见不同的世界，观察力越强，还会发现世界越温和。对我而言，真正的分水岭是我开始融入校园生活。我的人生不会局限于此刻，不管发生什么，也不管我内心多么阴郁、绝望，那都无关紧要。我相信并坚信我的人生不会局限于此刻，不会局限于任何时刻。

肖恩倡导的这项运动，给那些感到孤立、经历艰难时刻或面临上述影响青少年的那些问题的人带来了极大的帮助。他说，积极改变的人与故步自封的人，两者的主要区别在于观察事物的角度或观念。肖恩的运动也提醒我们，在这个网络发达的世界，真实的人际交流才是人人需要的东西，才会改变人们的人生。肖恩发现，人际交流可以帮助青少年明白：人生不会局限于此刻；不管情况多么艰难，只要与人交流，都能突围出来。

合作突围的方法

上述事例和相关研究说明：合作可以彻底改变学生的成绩和人生。那合作与本书分享的学习钥匙（比如，大脑的生长、吃苦的价值和多维度学习）有何关系呢？根据我多年的研究和本书所做的那些访谈，我知道，改变合作和交流方式（不自我设限），采用不设限的方式教育学生，学生就会发现，通过交流、讨论和小组合作，学习会更有效果、更快乐。下面，我们将讨论合作突围的方法以及将这些方法运用于课堂、家庭和职场的策略。

老师们都知道，小组合作学习很困难，尤其是在学生对彼此的学习潜力抱有负面想法、学生之间的学习状况存在差异的时候。老师们也清楚，学生相互讨论、交流想法很重要。因此，这是一个两难的问题。家长也会面临类似的困境，他们看到自己的孩子无法良性互动——不是彼此分享想法和观点，而是爆发冲突。互动是积极还是消极的，这通常取决于教师、家长和管理者如何推动以下三个方面：（1）开放的心态；（2）开放内容；（3）接纳无知。

（1）开放的心态

良性互动需要保持开放的心态，要养成开放的心态，就要学会尊重差异。教师强调不同想法的重要性，学生就会积极而欣赏地看待彼此。很多教师抱怨学生缺乏良性的互动学习，这在很大程度上是因为学生没有养成开放的心态，认为自己应该寻求一种想法、一个答案，因而没有尊重差异性和多样性。改变这种观念，儿童和成年人在课堂和生活中与人互动的方式也就会改变。

几年前，我在多所中学开展了一项为期四年的研究。在其中一所学校，我教会学生们在小组学习时良性互动、彼此倾听、彼此尊重、分享不同的想法。结果，该校的情况发生了可喜的变化——我称之为"公平关系"的出现。[16]

提到公平，人们往往会想到考试成绩："所有学生的成绩都在相同水平吗？"但我认为，还有一种公平更为重要——这种公平关乎的是学生之间的良性互动、彼此尊重。和其他人一样，[17] 我也认为学校的一大目标，应该是培养彼此尊重的公民，看重他人的贡献而非种族、阶层或性别的公民，具有公正意识、为他人的需求着想的公民。要培养这样的公民，首先就必须为学生营造这样的课堂氛围，因为我们知道，学生在课堂上学习的，远不止学科知识。

我将公平观念扩展至学生之间的关系公平，是因为我认为，学生如果学会了平等相处、相互尊重，他们进入社会后也会这样对待他人。在我研究的那所学校，教师以教学内容为切入点，努力营造相互尊重的氛围——要求学生分享对所学内容的不同想法。这一点得到了学生评价的证明。我问他们："你们认为怎样才能学好数学？"学生们回答说：

> 同他人合作。
> 保持开放的心态，倾听大家的想法。
> 必须听听别人的看法，因为你可能是错的。

有时候，优等生的家长会抱怨说，他们的孩子被用来教育其他孩子，他们的孩子自己一个人很快就能学懂。但是，教师还告诉学生："作为班级等社群的一员，需要相互关心。"学生培养了重要的责任感。有一个学生告诉我：

> 我觉得这是我的责任。如果我懂而别人不懂，我觉得自己有责任帮助他们搞懂。我们都在同一个班学习，因此，只有他们学到的和我一样多，这对他们而言才是公平的。

虽然优等生的家长存在着种种顾虑，但采用这种方法，优等生的数学成绩提高幅度最大。[18] 其成绩的提高幅度，不但超过了同校的其他学生，也超过了我们研究的采用传统教学法的那些学校的优等生。他们的成绩得到提高，是因为他们花时间为同学讲题——这是优等生加深自我认知的绝佳机会。学生要养成相互尊重的观念，就必须教育他们开放地看待学习内容、尊重差异。知道思维观念的相关信息，学生就会抛弃固定型思维，接纳成长型思维。同样，懂得尊重学习上的不同想法，学生就会尊重其他方面的差异和多样性。注重成长、尊重差异，这是养成开放心态的有效方式。

霍莉·康普顿（第4章提及的那位教师）曾告诉五年级的学生："每个人看待事物的角度都有所不同，你们可以从中学习，获得成长。"她告诉我，因为这些观念，学生们不再那么以自我为中心。现在，他们互动交流的时候，不再坚持己见或拒绝别人的不同想法。相反，他们会说："哇，你知道吗？这只是我的想法，我知道其他人会有不同的想法。"接纳不同的想法，学生就能更彼此包容、相互欣赏。正如霍莉所说：

> 他们知道别人会有不错的想法，也知道自己应该保持开放的心态，听听别人的解题方法，因为它可能是自己从未想到的新想法。"嘿，也许我应该把你的想法和我的想法结合起来。"这种心态对孩子而言是非常重要的。

致力于改变学生课堂体验的教育改革者，大都是想办法改变教学内容、创新教学方式（通常会采用炫酷的科技产品），但请设想一下：如果学生学会与他人更有效地合作、开放地讨论、倾听和理解他人的想法，那他们在校学习和校外生活会发生怎样的变化呢？不但课堂氛围会改变，他们生活的诸多方面也会改变。

霍莉讲述了她偶然听到的一次学生对话：

> 那天，我就在教室里，孩子们在相互盘问想法。有个孩子不同意另一个孩子的想法，但他说："我知道你是怎么想的，我觉得你在思考，不过你的想法就是这样的。"另一个孩子说："对呀，那就是我的想法。"他们还只是一年级的学生！他们年龄那样小，按理说是不会换位思考的。

这些一年级学生已经懂得了多角度看待问题、保持开放的心态、换位思考，并由此开启了崭新的、不设限的人生道路。

第 3 章提及的那项研究表明，拥有成长型思维的人，对他人的攻击性会降低。有意思的是，这种变化是源于人们自我感觉的改变。根据该项研究，具有固定型思维的人认为自己无法改变，因而对自己行为的羞耻感更强、更有攻击性。一旦他们知道任何东西都不是固化的、都是可以改变的，他们的自我羞耻感就会降低，也就会改变对他人的看法。他们不再把他人甚至是敌人看成天生的坏人，而是把他们看成做出了错误的选择但可以改变的人。因此，他们的攻击性倾向会逐渐减弱，取而代之的是宽恕。

这种深刻的变化，源于开放的观念和开放的心态。转变观念——不是抗拒而是接纳差异性和大脑生长潜能，人们的互动交流方式就会发生巨大的变化。对于这一点，也许我们才刚开始理解。我们已经清楚，转变观念，可以提高学习成绩、减少冲突。如果学生相信人人都可以改变和成长，应该尊重不同的想法，那他们合作学习时就会改变互动交流的方式。

（2）开放内容

我前面谈到，开放的心态非常重要，可以让学生和其他人尊重差异和多样性。帮助学生培养开放的心态，有一个重要的方法：开放性地教授学科内容。同样，鼓励商界人士尊重不同的看法和观点，他们对自我和他人的看法也会改变。

几年前，我们为83名学生举办了数学夏令营。由此，我开始深入地思考思维观念、开放内容和互动方式之间的关联性。夏令营期间，我们观察到富有成效的小组合作学习，学生们相互尊重、分享想法。通过合作学习、互相帮助和讨论想法，学生们的学习效果和数学成绩都得到了提高。

学生告诉我们："学校里的小组活动效果不好，但在夏令营的效果很好。"我们问学生有何不同,他们解释说,学校的小组活动,都是一个人做所有的事情,而其他人在讨论穿着打扮。但是,我们夏令营的小组活动,一开始就让学生轮流提问:"你怎么看?""你怎么做?"小组活动一开始就分享对问题的想法和观点,学生们会更投入、更有参与感,而这正是小组互动交流的绝佳起点。

参加夏令营的学生逐渐明白,多维度思维是学习数学的好方法。因此,他们开始尊重彼此不同的解题思维和方法。这使得他们更加看重彼此的价值,远离以前在课堂上养成的那些负面观念,其中就包括"有些人比其他人更有价值"。

询问人们如何看待某件事情、如何理解某件事情,这种策略非常简单,但可用于多种场合。公司会议一开始就询问大家的想法和观点,开放性地看待所有的想法,不做评判也不期待某个想法,这样做,人们就会有价值感和参与感,从而增进同事关系,提高工作效率。所有学科的所有教师都可以采用这种策略,激活学生思维,增强学生的参与感。重要的是,开场交流越开放,交流就越有价值,人际关系、想法和工作最终就会越好。我将在后面提供一些策略,帮助教师更开放地处理学科内容,鼓励学生分享不同的观点和想法。

(3)接纳无知

为了写作本书，我访谈了 62 个人。访谈中，我经常听到他们说，因为某个观念，他们成功解锁，能够自由地与人互动交流。很多人都谈到了，在抛弃"交流中必须永远正确"的观念后，他们获得了力量。这意味着，他们可以坦然地接纳自己的无知。这种新观念的产生，是因为他们知道挑战和犯错有利于大脑生长。人们一旦知道吃苦有价值，就不会自我封闭，会放弃这样的观念：每次参加会议都必须做专家。

珍妮·莫里尔（Jenny Morrill）也谈到了这一点。珍妮是教授正念练习法的一名老师，与宝拉·尤美尔合作出版了《编织疗愈智慧》（*Weaving Healing Wisdom*）一书。[19] 在书中，她分享了如何专注于当下的方法。接受访谈时，珍妮提到自己一个有趣的变化。虽然她非常了解正念，但添加"脑科学"这张拼图后，她的人际关系才发生了巨大的变化。

学到吃苦的价值和大脑的生长知识之前，珍妮感觉自己是一座孤岛。她给我描述的，是一种很多人肯定都会存在的心态——与人交流时，必须做专家，唯恐暴露自己的无知。作为教师，她觉得自己必须无所不知。不过，珍妮已经转变观念，现在的她接纳了自己的无知，对待同事更加坦诚。这种变化的产生，部分是因为她不再担心别人的评判。珍妮是这样描述的：

现在，我愿意接纳自己有所不知，知道自己不必因为现在不懂就放弃。作为教育者，我可以利用其他资源来加强学习。过去，我总感觉自己是一座孤岛，必须表现出无所不知的样子……我认为，我已经改变了驾驭生活的方式，成为更好的倾听者。通过合作，我感觉自己在成长、学习。我可以和同事坦诚交流，这样我就能学得更好。分享就是学习。我不再去想别人怎样评判我，我知道自己的价值，我整个人都发生了变化。

我不知道珍妮以前为何觉得自己是一座孤岛，不过，现在的她更加开放——合作、倾听、接纳自己的不足、向他人学习，生活发生了巨大的改变。珍妮告诉我，她不再将自己视为课堂上唯一的专家。相反，她鼓励学生做"引领者"，她知道自己可以向学生和其他成年人学习。拥有这种心态后，珍妮不但能与同事和朋友合作，也带给学生巨大的变化。

很多受访者都提到了一个重大的变化：遇到"路障"，他们会寻求更多的帮助资源。他们不再不懂装懂，而是寻求帮助资源。珍妮谈到了她现在所用的一些资源：

现在，我已经明白：不是非得什么都懂才能走进教室。我可以利用我的直觉，可以求助于同事，可以上网搜索，可以观看视频，可以观看YouTube，看看上面是如何讲解某个问题或某件事情的……我永远不会停止学习。而在以前，我会觉得自己必须什么都懂才能走进教室。这是固定型思维。我必须显得什么都懂、都会解决、都在控制之中，但现在的我不再是这样。我抛弃了这种想法……遇到不懂的问题，我不再像过去那样紧张。我会更加坦诚地说："我现在不懂，但我会学习。"我的心态越放松，就越能应对自如。

这种新观念（接纳自己的无知、不要假装什么都懂、寻求帮助资源继续学习）不但可以提高人际交往能力，还可以改变人们的生活方式。

对于我辅导的教师，我也建议她们在教学中承认自己的无知和弱点。如果学生看见老师讲解的内容总是正确的，学生提出的任何问题老师都知道答案，而且老师永远正确、从不犯错、从不会有困难，那就会给学生造成优秀学习者的假象。教师应该接纳自己的无知，坦陈自己有所不知，也会犯错。

如果你是一名教师，请和学生分享这样的时刻，让他们知道这是成为专家的重要内容。在斯坦福大学给本科生上课，我会给学生布置开放性的数学题，让他们去探究。他们的解题思路多种多样，有些思路对我而言也是陌生的。我接纳这个事实，坦陈自己不知道，对他们说："很有意思，我没见过这种思路。我们一起探究吧。"

对于学习者、管理者、教师和家长来说，分享自己的无知是一种重要的策略。你会发现,当你暴露缺点,承认自己不懂的时候,其他人也会这样做。很快,大家就可以畅所欲言了。作为家长,和孩子讨论问题时,不要做专家,要做"思想伙伴"。要让孩子做你的老师,他们会因此而感到高兴、自豪,学习效果也会更好。

在孩子面前,要承认自己不懂,但知道如何搞懂,永远不要不懂装懂。更好的做法,是以身作则,为孩子示范这样的心态:探索、求知、好奇、乐于接纳自己的无知。因为这样做才可以有新的发现。有时候,我会告诉斯坦福大学的学生,我不知道这道数学题接下来该怎么做,然后请他们做给我看。他们很喜欢这种做法,而且从中学到了很多东西。他们明白,无知加上对学习的渴望,在任何情况下都是学习的好方法。

如果你是一个学习者,但找不到人讨论,那就看看是否可以通过网络交流。可以加入聊天室和社交媒体,有问题就问他们。几个月前,我们邀请 youcubed 的关注者加入一个"脸书"群。现在,我们群里已有 18 000 人。我高兴地看到群里的成员坦诚地相互提问,有些问题,连老师都不知道答案。有时候,数学老师承认自己不知道某个数学知识点,就会有 20 个成员踊跃发言,帮助老师解答并和老师讨论。

我一向钦佩提问的人,因为提问表明他们得到了解锁,愿意暴露自己的不足、寻求他人的帮助。有时候,人们只是分享自己正在解决的问题并邀请其他人讨论。对此,我也乐见。不要将同事或同学看成竞争者,从现在开始,要把他们看成合作者,是你可以坦诚相对、建立长久联系的人。开放的心态、乐于接纳无知、知道多维度探究的必要性,这些都是合作突围的关键所在。

鼓励合作突围的策略

给学生(中学生、本科生)上课时,我会采用多种策略鼓励学生良性互动,这些策略也可用于公司和课堂。第一种策略,是我经常让学生做的思维练习:喜欢小组学习的什么方面,不喜欢什么方面。先进行这一步,然后再让学生合作解题。

我将学生分成小组,讨论小组合作解题时不喜欢他人怎么做。学生们总是冒出有趣的想法。一定要给学生机会大声地说出自己的想法,比如:"我不喜欢有人告诉我答案。""我不喜欢有人说'这道题很简单'。""我不喜欢有人做得比我快。""我不喜欢有人反驳我的想法。"我从每个小组收集一个想法,不断地在小组间来回穿梭,直到收集完所有小组的想法。我将收集到的想法写在一张看板上。

接下来,我让学生分组讨论合作解题时喜欢他人怎么做。他们给出的想法包括:"我喜欢人们问我问题,不要直接告诉我解题方法。""我喜欢大家一开始就分享想法。""我喜欢人们倾听我的想法。"我从每个小组收集一个想法，然后写在另一张看板上。我告诉他们，整个学期，我都会把两张看板放在教室里，作为小组合作学习的注意事项。

我采用的第二个策略，是从我的朋友、教育家凯茜·汉弗莱斯那里学来的，她是从众多英国数学教育家那里学到的。我是在数学课上采用这种策略的，但它适合所有学科的教学。这种策略就是：教学生论证。在几乎所有的学科中，论证（阐述想法、用证据证明想法、解释不同想法之间的联系）都是非常重要的。科学家通常采用例子来证实或证伪理论，但数学是通过推理进行证明的。

我告诉学生，合理论证——阐述想法及其相互联系——非常重要。我还告诉他们，说服他人很重要。说服有三个层次：说服自己是最容易、最低的层次；第二层次是说服朋友；最高层次是说服质疑者。

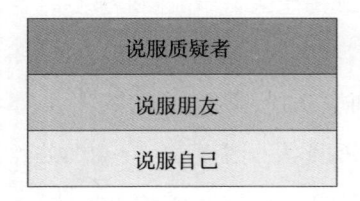

说服质疑者
说服朋友
说服自己

我告诉学生，我希望他们相互质疑。比如，向对方提问："你怎么知道它可行？""你能证明吗？"参加数学夏令营的那些学生很喜欢互相质疑，他们喜欢这个角色，教室里的学生都在忙着提问或证

明。对此，我们感到特别高兴。因为我们知道，与他人交流数学或其他学科的想法，不但需要深度的理解力，也会带来深度的理解力。

小组合作学习时，学生通常都会特别投入，但我也见过不少学生讨厌小组学习。这是因为他们还没有体验到小组学习的好处，可能是学习小组的设置不够好，可能是他们要解决的是封闭性问题，也可能是他们没有学会倾听、尊重他人、保持开放的心态。但是，对绝大多数学生来说，讨论和思考不同的解题方法、他们的想法为何行得通以及如何运用，这样做，学科知识会变得非常生动。

很多人认为：高质量学习的关键，是独自勤奋学习。艺术家刻画的思考和学习状态，常常是某个苦思冥想者的形象。最著名的例子就是罗丹的雕塑《思想者》——一个男子，手托着下巴，陷入沉思。然而，思考天生就是社会性的行为。哪怕是独自阅读，也是在和某个人进行思想交流。我们必须培养与人交流的想法，吸纳他人的想法并发展出新想法的能力，这种能力也许才是学习的关键所在。

如果人们接纳自己的无知，不再假装自己无所不知，而是寻求资源继续学习，那他们的世界就会敞开新的大门。这是突围的关键，也是我经常在斯坦福大学的同事身上看到的品质。遇到挑战，有人会选择放弃，说些"我不知道怎么使用这个软件"之类的话。同样是这个挑战，有人则会说："我不懂这个软件，但我会通过看视频、向人请教、自学学会。没什么可担心的。"这两种人我经常都会见到，但让我钦佩的，是那些面对新挑战愿意继续学习的人，他们最终会获得更多的机会，取得更大的成就。

"无所不知"观念会给有些人造成真实的压力感，但也有很多人说，明白了脑科学知识、吃苦和开放心态的价值后，他们就放下了这种压力。人们走进会议室或教室，经常会担心自己懂得不够多。接纳自己有所不知、坦陈自己会继续学习，他们就会焕然一新。卸掉无所不知的伪装，接纳自己的无知，他们每天的生活就会不同，就会拥有更富成效的互动交流。以这种心态交流，公司运转会更顺畅，友谊会加深，人们会更轻松地投入工作，效率也会更高。

数学常常被视为最孤独的学科，但和其他学科一样，数学也是建立在概念联系之上的。相互讨论、证明、提出想法、思考，就会产生新的想法和思考方向。家长（尤其是优等生的家长）经常对我说："我的孩子可以做对答案，为什么还要他讲解过程？"这些家长忽视了重要的一点：数学就是交流和证明。

沃尔夫拉姆研究所主任康拉德·沃尔夫拉姆（Conrad Wolfram）因其在计算知识搜索引擎 Wolfram Alpha 上的出色表现而为人所熟知。他告诉我，他不会聘用那些无法交流数学思想和想法的人，因为他们无法与团队一起解决问题。团队解决问题，需要人们交流自己的想法，这样其他人才可以联系自己的想法。多人进行评估，还可以阻止不正确或不相关的想法。无法交流或证明自己想法的人，对于团队解决问题是没有多大帮助的。我敢说，这个原则适用于所有的领域。不管是数学、科学、艺术、历史还是其他领域，能够解释和交流自己想法的人，才是更高效的问题解决者，才能够为公司和团队做出更大的贡献。

  本书分享的这六把学习钥匙，对于改善人际交流和创造人生机会都起着重要的作用。很多人过于封闭自我，无法成为优秀的交流者。他们担心自己说错话，担心自己说的话会贬低自我价值，担心别人会评判自己。学到思维观念、大脑生长、多维度方法、吃苦的价值等知识后，人们通常都能得到解锁，不再自我设限，不再担心被人评判。他们会保持开放的心态，接纳自己的无知，乐于分享想法，通过与他人合作找到解决问题的办法。合作可以提高人们的生活水平，而最佳的合作始于开放的人际交往和思想交流。

结语
人生突围

我们每个人随时都在学习。提到学习，我们可能会想到学校，但学校并不是唯一的学习场所。我们一生时刻都在学习，只有通过大量的人际交往和思想交流，本书分享的这些学习钥匙才能发挥作用。我写这本书的目的，是为你"装备"有助于提升人际交流的思维观念，从而帮助你拥有尽可能精彩的人生，同时让你与他人分享所学的知识，帮助他人突围。

瑞士学者埃蒂安·温格（Etienne Wenger）构建了一个重要的框架，帮助人们改变学习观念。他指出：学习不只是获取知识，也不只是积累事实和信息，学习是对人的塑造。[1]学到新的观念后，我们对世界的看法就会改变——思维方式会改变，理解人生事件的方式也会改变。正如温格所言，学习是身份生成的过程。心理学家过去常常将身份视为静态的概念，认为我们每个人只有一个身份，童年时形成并持续终生。但最新的研究表明，身份是动态的，我们可以在人生的不同阶段拥有不同的身份。例如，你作为运动队队员的身份，就与你在工作或家庭中的身份不同。我写这本书，是因为我知道，大脑生长、思维观念、多维度思维、合作思维等知识可以帮助我们解锁真实的自我。这些知识无法彻底改变我们，但可以释放我们的潜能——我们原本拥有但大都没有被激发出的潜能。

为准备本书的写作，我和我的团队采访了 62 个人，他们来自 6 个国家，年龄从 23 岁到 62 岁不等。我在推特上发出邀请：学过我讲解的脑科学、思维观念等知识后，觉得自己有变化的人，可以联系我。我和我的团队花了几个月时间，对那些回复者进行了访谈。结果让我有些意外。我原本以为，他们会谈到自己的认知方式和思维方式发生了变化——拥有了不同的思维观念，但我听到的，大大超出了我的预想。他们说自己在**很多方面**——人际交往、对待新的想法、学习、子女教育、与世界互动的方式等都有变化。

带来这些变化的，是他们学到了大脑的成长性（神经可塑性）。在此之前，很多受访者接受的观念是，他们的能力有限，有些东西学不会。在我的研究中、在我的推特上，很多受访者谈到的都是数学学习能力，没有谈及其他学科或技能。然而，他们发现自己能够学好数学后，整个学习观念都会改变，就会意识到"一切皆有可能"。

安杰拉·达克沃思提出了坚毅的概念——顽强而坚定地沿着某

个方向追求目标。[2] 坚毅是非常重要的品质，但视野会因此而变得狭窄，因为只瞄准一件可能会成功的事情。世界级运动员都具有坚毅的品质，只专注于某项运动，心无旁骛。达克沃思本人也提到，要有所选择，不要广泛涉猎。这种方法，对某些人会有用，但并非人人都适合。我认识有些人，他们踏上一条道路，而拒绝其他所有的道路，但后来梦想"搁浅"，没有完全实现，又无法回到原本可以选择的其他道路上。此外，坚毅的概念还强调个人努力，但有学者指出，更公正的成就往往来自集体的努力。[3] 学生表现出色、突破障碍获得成就，这种成就的取得，几乎都不是靠个人的努力，更多的是靠集体的努力，是靠教师、父母、朋友以及其他家人和社群的共同努力。坚毅的概念忽视了成就的这个重要特征，甚至会让人认为，他们必须单打独斗，通过自己的顽强坚持就能获得成功。

突围不同于坚毅。突围是获得身心自由，是创造性地、灵活地对待人生。我相信，它对每个人都会有所帮助。拥有人生突围观念的人，也拥有坚毅的品质，但他们不必固守一条道路。自由和创造性可以造就坚毅，但坚毅不会造就自由和创造性。

写本书"结语"期间，我留意到一个名叫亨利·弗雷泽（Henry Fraser）的英国年轻人。我读完了他的著作《胜利的感觉真棒！》（*The Little Big Things*，"哈利·波特"系列图书的作者J.K.罗琳为之作序）[4]，随后就联系了他。亨利的这本著作，详细地讲述了一个改变他人生的意外事件：他在葡萄牙跳海，造成全身瘫痪。

当时，亨利刚念完高二。他酷爱运动，是学校橄榄球队队员。放假期间，他受邀和橄榄球队的朋友们去葡萄牙度假，享受几天明媚的阳光和难得的休息。度假的第五天，他跳海时头部撞到海底，脊椎严重受伤，造成四肢瘫痪。

接下来的几天时间，他都是在急诊室和手术室里度过的。他的父母焦急地坐飞机赶过来，陪在他的身边。康复初期，如很多人所料，亨利变得非常消沉。一天，看着镜子里坐在轮椅上、全身无法动弹的自己，他彻底崩溃，突然意识到自己的人生永远改变了。

在康复初期的那些日子里，亨利有五个星期都无法看见病房外面，有六个星期都不能进食、饮水。但是，渐渐康复后，亨利有了改变人生的新观念。再次感受到阳光的温暖，他心里涌起无尽的感恩；呼吸着新鲜的空气，他感到非常开心；读着祝福者送来的卡片，他感到谦卑和感激。这些感受一直伴随着亨利，让他做出了积极的选择：超越悔恨，选择感恩。碰到亨利这种情况，很多人绝对不会感恩，脖子以下全身瘫痪的亨利却选择了感恩，每天都在快乐中度过，抓住机会学习。亨利书中有一章叫作"胜利源于选择"，他战胜逆境的观念，值得我们每个人学习。

适应轮椅生活后，亨利决定学习绘画——用嘴叼着笔画。现在，他精美的画作在英国各地展出，他的著作成为畅销书，激励着世界各地的读者。在那个夏天遭遇如此重大人生变故的亨利，是如何取得这些成就的呢？他没有沉溺于沮丧，反而取得了超乎寻常的成就，激励着数百万人。亨利能做到这些,一个重要的原因是他相信,只要尝试,就有可能成功。

跌入人生谷底,望着镜子里坐在轮椅上的自己,亨利可能会觉得自己的人生已经"上锁"、严重受限——他完全有理由这样想。然而,他却选择了解锁自我、冲破限制,相信自己的潜能和人生的可能性。在书的结尾处,亨利说,他经常被人问起那些日子,那些他"肯定"意志消沉、心想"为什么是我"的日子。他的回答非常精彩:

> 我望着提问的人,告诉他们:"每天醒来,我对自己生活中拥有的一切都心存感激……每天醒来,我都做自己喜欢的事情。我努力推动自己迈向新的道路、迈上新的台阶,我不断学习,不断迈进。"能这样说的人不多。当我这样看待自己的人生时,我觉得自己是非常幸运的。我还有什么可沮丧的呢?我拥有那么多值得高兴的东西。
>
> 总是去想本该如何、本应怎样,这毫无意义。过去的已经发生,无法改变,你只能接受。永远要看自己能做什么,不要看自己不能做什么,生活就会变得简单得多、快乐得多。
>
> 每天,都是美好的一天。[5]

亨利对待人生的积极心态,源于他做出的选择。"永远要看自己能做什么，不要看自己不能做什么"，这种观念对我们每个人都有益。

亨利对自己拥有的一切都心存感恩。心理学家研究发现，感恩的心态会产生一系列的积极后果。心理学家罗伯特·艾蒙斯（Robert Emmons）专门研究感恩，他发现，感恩对一个人的幸福至关重要。[6]他发现，懂得感恩的人更快乐、更有活力、情商更高，感到抑郁、孤独或焦虑的可能性更低。[7]重要的是，他指出：不是因为越快乐，才越感恩；经过训练，人都可以懂得感恩，快乐自然就会到来。研究人员训练人们感恩，结果人们变得更快乐、更乐观。

亨利选择感恩——感恩"小事情"，这对他的人生，对遭遇重大事件的他所能取得的成就都产生了深远的影响。亨利的人生故事，不但说明了感恩的影响，也说明了观念的力量：相信自己能取得许多人认为不可能取得的成就。

我们放弃某件事情或认定自己做不到，几乎都不是因为真实的限制，[8]而是因为我们认为自己做不到。这种负面的固定型思维很容易影响我们每个人，我们上了年纪，开始感到自己的体力和精力大不如前的时候更是如此。北卡罗来纳大学的戴娜·图龙（Dayna Touron）对60岁以上的老年人进行了研究，结果发现，从某种程度上来讲，衰老是人们自己"想"出来的。[9]在这项研究中，老年人需要比较两组单词，看看哪些单词是相同的。他们本来可以凭借记忆完成任务（研究人员确认过），但很多老年人不相信自己的记忆力，而是费力地反复核对两组单词，寻找相同的单词。

另一项针对年轻人和老年人计算方式的比较研究中，[10]研究人员发现，年轻人会想到前面的答案并用起来，而老年人却选择每次都从头算起。同上面那项研究一样，这些老年人是有记忆能力的，但他们不相信自己的记忆力，因而都没有依靠记忆，从而限制了自己的计算效率。研究人员还发现，因为逃避依靠记忆力、缺乏自信，这些老年人的日常活动也深受限制。认为自己做不到，这种自我设限的观念通常都会自我应验；相信自己做得到，通常都能做到。

老年人认为自己日渐衰老，什么都做不了，但如果他们知道大脑随时都在变化，任何年龄的人都可以学会复杂的技能，那他们就会从中受益。随着年龄的增长，很多人开始相信自己能做的事情越来越少，因而改变了自己的很多人生决定。认为自己能做的事情越来越少，他们就会真的越做越少，结果是认知能力的下降。研究结果表明：退休后，尽量不要减少活动，要借助新挑战和学习机会充实自己的退休生活，这样做对老年人会有帮助。另有研究结果表明，娱乐活动更多的老年人，患阿尔茨海默病的风险降低38%。[11]

丹妮斯·帕克（Denise Park）对老年人的大脑生长能力进行过研究，她将老年人分成几个组，每组从事不同的活动，每周15小时，为期3个月。[12]有的小组学习衲缝、摄影等需要遵照详细指令、长时间保持记忆和注意力的技能，有的小组从事古典音乐欣赏等较为消极的活动。3个月后，只有学习衲缝和摄影的人，其大脑内侧前额叶皮质、外侧颞叶和顶叶皮质发生了显著而持续的变化——这些脑区都与注意力和专注力相关联。大量研究指出：陌生的、需要长时间专注的、让大脑得到最佳生长的爱好具有多种益处。学习需要专注和努力的新爱好或新课程，将给大脑带来持续一生的好处。

有些受访者谈到自我突围后的一大变化——观念转变后，他们可以做任何事情，他人不再成为"路障"。碰到障碍，他们会想办法绕过去，找出新策略和新方法重新尝试。

贝丝·鲍威尔（Beth Powell）学到大脑生长、多维度方法、思维观念等知识后，一直将其用于指导年轻人，帮助他们重新规划自己的未来。她任教于一所特殊学校，见证了师生因为相信新的可能性和人生道路的开放性而创造出的种种"奇迹"。然而，贝丝最近发现，她需要采用成长型思维应对自己的医学困境。

贝丝患上了严重的疾病，不得不停止工作。医生查不出她到底有何问题，各种医学检查都显示正常，因此，医生认为她肯定没有问题。在这种情况下，很多人都会放弃，接受医生的说法。贝丝意识到，她可以采取她用在学生身上的那些做法。通常，来找贝丝的学生都有严重的身体问题，即使医院的检查结果显示他们没有特别的身体残疾或疾病，但这些学生知道自己有些地方不正常。贝丝把每个学生都当作完整的人而不是一连串的检查结果，因此，她会高度重视学生的身体问题。贝丝对自己也采用了这种做法，决定寻求整体疗法医生的帮助。医生查出了她的病因，她获得了急需的帮助，恢复了健康。

贝丝回忆说,当时的她即将靠残疾救济金生活,完全放弃工作,突然,她想到自己的学生是如何转变的。她意识到自己的情况和学生相似,她需要相信自己的身体和疾病会好转,正如她相信学生会好起来一样。这促使她想办法绕过面前的"路障"——普通医生无法诊断和治疗她的疾病。贝丝的做法只是其中的一个例子,我们采访的很多"突围者"都采用了同样的做法。碰到障碍,他们坚定地想办法绕过障碍。不找到答案,誓不罢休。他们采用各种方法和途径解决面临的问题,即使他人告诉他们还是接受"裁决"吧。

现在,贝丝已经回到学校,帮助有特殊教育需要的学生摆脱所谓确诊的标签和限制。她回忆说,由于感同身受,她现在帮助学生时更加投入。访谈中,贝丝谈到了我认为至关重要的一点。她告诉我,学生转到她的学校时,她经常被告知他们"有严重的行为问题,无法学习"。但贝丝拒绝相信,因为她知道,如果学生有机会学习,如果有人相信他们,那他们就可以发挥潜能。

经常有教师问我:"学生'缺乏学习动力'怎么办?"我坚信所有学生都渴望学习,他们缺乏学习动力,是因为某个人在某个时刻向他们灌输了"他们学不会"的观念。一旦他们抛弃这些有害的观念,同时有人为他们指引了学习的道路,缺乏动力的问题就会消失。

贝丝相信学生,是因为她多年来见证的"奇迹"。她为学生传授成长型思维,采用多维度教学法,因此,学生刚到学校时还有学习障碍，但离开时都摆脱了负面的标签和认知，拥有了崭新的未来。她说："因为脑科学，现在，奇迹对她来说就是平常之事。"

每个人都可以改变、成长、突围，接纳这些观念，是成功解锁和人生突围的第一把钥匙。拥有这些观念，人们就不会觉得自己不够优秀，其重要性再怎么强调都不过分。很多人觉得自己不够优秀，往往是因为教师、老板、父母或其他家庭成员让他们觉得自己不够优秀。觉得自己不够优秀，每次失败或犯错就会感到自责。如果人们知道那些自我设限的负面观念是不正确的、任何改变皆有可能、吃苦和失败是大脑生长的好时机，那么，他们就不会再感到羞愧，就会重新充满力量。

第二把钥匙：吃苦和犯错有利于大脑生长。对待犯错，我们有两种方式：消极应对，悔恨；积极应对，知道犯错是学习、大脑生长和获得更大成就的机会。我会选择积极应对，知道犯错每天都可能带来积极的结果。有时候，犯错是"良性"的，很容易加以解决。有时候，犯错可能会产生真实的负面后果。不过，随后通常都会带来积极的结果。犯错是人生的一部分，越勇敢地做出人生的选择，就越容易犯错。接纳犯错，虽然不会减少犯错，但可以选择积极或消极地看待犯错。选择前者，有助于突围。

马丁·塞缪尔斯是一位医生。面对犯错，他选择积极应对，虽然他从事的职业需要尽量避免犯错。犯错会付出生命的代价，这是医学界的共识。医学权威发表文章和指令，要求千方百计地避免犯错。对于那些希望"友好"地对待犯错的医生而言，这肯定是一大挑战。

塞缪尔斯是一位非凡的医生，他选择接纳犯错，认为正是通过犯错才发展了医学。他不会因为犯错而自责，相反，他会详细地记录自己的错误，归类整理，然后在医学会议和其他场合加以分享。在其博文"为犯错辩护"中，他指出：没有犯错，就不会有医学进步；如果医生接纳犯错而不是害怕犯错、将犯错视为学习机会而不是为之感到羞愧，那他们就可以关注真正的敌人——疾病。[13] 这种开放的、积极的犯错观，帮助塞缪尔斯从错误中学习，成为更优秀的医生，也帮助其他医生踏上了学习和成长的道路。

接纳吃苦（选择艰难的道路）同样重要。安于现状、每天都做同样的事情，大脑就不可能生长出新的神经通路，建立新的通路连接。随时挑战自己、接纳吃苦、采用新方法、接触新想法，大脑就会变得更加灵敏，人生就会得到提升。

突围还有一把重要的钥匙：多维度看待人生。要知道，你可以采取多种方式应对问题（和人生）。这有助于所有学科、所有层次的学习（从学前教育到研究生，再到日常学习）。当某个任务或问题陷入困境时，换个角度思考、换种方法（比如，语言换成图表、数字换成图像、运算换成图解），答案很可能就会出现。

2016年发生了一件令人瞩目的事情：一个众多数学家多年未能解决的数学难题被两个年轻的计算机科学家攻克了。[14] 该问题是：

平分连续物体（蛋糕或一块土地），让每个人对自己的所得都满意。数学家曾经想出了可行的证明方法，但它是"无穷尽的"。也就是说，这种证明方法需要运算上百万甚至上十亿个步骤，步骤的多少取决于参与者的个人偏好。有些数学家认定，这种无法穷尽的证明方法，是人们能找到的最佳答案。

但是，这两位年轻人决定采用不同的证明方法。他们没有数学家的渊博知识，但正因如此，他们才没有受到数学知识的束缚，能够自由地、创造性地解决这个数学难题。

很多人都在谈论两位年轻人的大胆无畏——数学家都无法证明的数学难题，却被两个并无渊博数学知识的年轻人给攻克了。有时候，知识会起妨碍作用，它会扼杀人们的创造性思维，[15]人们不敢跳出自己的专业领域去寻求解决方法。两位计算机科学家突破了束缚，虽然数学知识不如他人，但他们相信自己能成功，因而想出了新的解决方法。

当前，学校、教育机构和许多公司对新想法的鼓励不够。有时候，打破常规的想法会被不屑一顾，甚至会受到压制。学校的设置，只是为了传承既定知识，即便这些既定知识早已过时，并非唯一的思维方式，也并非解决问题的最佳方法。这一点必须加以改变。

该数学难题被攻克之前，数学家们认为：无法解决该难题，是因为数学知识不够渊博。他们基本放弃了寻找答案，转而努力证明该难题无解。两位计算机科学家的创新方法，为数学研究开辟了崭新的道路。

除了创新思维和接纳改变，突围的另一把钥匙是：与不同的人合作。合作的一个有效方法，是与人互动、交流哪怕不太成熟的想法，而不是假装"专家"。抱着学习和成长的开放心态与人互动，而不是想让自己显得优秀，那双方都会从中受益。

如果公司和其他机构的管理者和领导者能够以身作则，那开放性的合作就更容易实现。如果管理者说"我不懂这个，但我会学习"，其他人就会受到鼓励，接纳自己的无知，继续学习。如果管理者愿意倾听、加深理解，愿意犯错并坦承错误，他的同事和下属也会这样做。如果管理者和领导者在公司里这样做，教师和家长为孩子这样做，就可以构建起开放的成长文化。

马克·卡萨尔是多伦多一所小学的校长，致力于在全校推广成长型思维观念。第一次参观该校时，我高兴地看到所有学科都在采用多维度教学法。我坐在教室里，和一些学生（7~10岁）聊了起来。他们谈到了学校的教学方法、鼓励犯错的氛围和积极的自我观念（他们能够学会任何东西）。[①] 听到这些，我非常激动。本书所分享的成长型思维、创造性、多维度等观念，不但影响了马克的教学改革，也影响了他的学校管理工作。访谈中，马克谈到了对犯错的重

---

① 有关马克学校的教学法和学生访谈视频的更多信息，请登录 https://www.youcubed.org/resources/an-example-of-a-growth-mindset-k-8-school/。

新评价和管理方式：

我想说，现在我不再挑剔自己所犯的错误了。事实上，我对自己更加宽容了。我会歇口气，告诉自己："马克，犯错没关系，只要你从中学习。"作为校长，我也是这样对待孩子们的："没关系。犯错没关系，只要你从中学习。你学到了什么吗？怎样做才能提高自己？"我觉得，它不但改变了我这个人，也改变了我的工作。

如果你像我这样整天和人打交道，是很容易犯错的。我觉得，成长型思维有时候会促使我反思："我是怎么处理的？下次能换个方法吗？"拜读你的著作之前，我是做不到这一点的，但现在，我可以更好地自我反思、自我批评。以前根本做不到。

我还记得，有一次我在处理一个学生存在的问题，他在学校操行方面犯了一个相当严重的错误。我对他责备一通，觉得自己是对的，是学生错了，但查清事实后，原来学生是对的，是我错了。我反思道："好吧，不能因为我是校长，就认为自己没有改错的责任。即使是老板，也不意味着不能被批评，对吧？"事后，我找到那个学生，对他说："你知道吗？我认为我犯了个错误。你是对的，我错了。下次我不会这样处理了。"我觉得，正是在这些日常的一言一行中，它给我带来了巨大的影响。

因为马克的努力,学校有了进步,每个老师都接纳了成长型思维和多维度教学法,学生们也因此喜欢学习,成绩有了提高。他们共同采取的一大举措,是改革评价和测试方式。老师们意识到,学生每次犯错就罚作业,就很难说服学生相信犯错有益于学习。

老师仍然会评价学生,但不是给出无益的分数或惩罚学生,而是送给学生最伟大的礼物——根据等级评价量规(评分标准指南),对学生需要提升的方面给出诊断性评价。马克告诉我,起初,学生们会翻看分数,这是他们唯一关心的东西——这就是成绩文化(而不是学习文化)造成的后果;现在,他们会查看评价量规,了解自己的学习状况,阅读老师的评价,知道如何提升。归根结底,改变评价方式,是向学生传达这样的信息:老师看重的是成长和学习,老师可以指导他们提高成绩。[16] 本书附录二中提供了马克学校所采用的评价量规样本,你可以登录 youcubed.org,了解更多的相关信息。

马克和他的教师团队正在努力帮助学生"突围"。遗憾的是,还有很多学生和成年人早已习惯了固化的自我观念。有些学生是被父母"锁进"负面观念的,是父母让他们觉得自己不够优秀。不良的课堂互动、不相信孩子、认为孩子学不会,这些做法都会"封锁"他们。单调、乏味、重复性的学习内容以及缺乏学习方法,同样会"封锁"他们。我们生活的这个世界,有太多的因素会"封锁"我们的观念和潜能。如今,我们已掌握了这些学习钥匙,因此,不管身处何种困境，我们都可以突围。

抛弃"学习能力有限制、人生有限制"的固有观念，相信一切都可学会、都可实现，固定型思维就会转变为成长型思维。这种转变会给我们的人生带来创生性的影响。我们不再认为自己不够优秀，我们会开始尝试更多有风险的事情。如果我们还知道，吃苦和失败对大脑生长很重要，吃苦和失败是学习的机会，我们就可以获得更大的自由。我们会相信思维观念是可变的，不是固定的，会看见无限的人生可能。如果我们还明白，我们可以多维度地应对学科内容和人生困难，可以和他人合作，把他们当成合作伙伴而非竞争对手，我们就会改变对自己潜能的看法，改变与他人的互动方式。我们会意识到：障碍无法阻挡我们，我们总会找到克服障碍的办法。

随着灵活性、弹性和适应性增强，不但我们的思维观念会改变，我们的内心和精神状态也会发生变化。碰到"路障"，我们会想办法绕过去，拒绝接受他人的负面判断。这样，不但我们自己的人生会改变，随着我们将自己视为引领者和"大使"，我们还会帮助其他人实现人生突围。就连儿童学到大脑生长、改变、犯错、多维度思维等知识后，也会和身边的人分享。

肖恩·埃科尔（Shawn Achor）创作《快乐竞争力》（The Happiness Advantages）一书的初衷，是为了破解自我设限的观念。很多人相信，只要更加努力、找到更好的工作、找到最佳的伴侣、减掉10磅体重……（可以换成任何目标），他们就会更快乐。然而，大量研究表明，应该反向思维：人们更快乐，他们才会更有动力、更投入、更有创造性、更有成效。正如肖恩所言："快乐会推动成功，而不是相反。"[17]肖恩讲述了自己的一个非常有趣但很有说服力的童年故事，以此来说明积极思维的重要性。我们一起来分享这个故事吧。

当时，肖恩只有7岁，和5岁的妹妹艾米一起在双层床的上层玩耍。父母告诉他，作为哥哥，要照顾好妹妹。他们安静地玩耍，父母在睡午觉。作为哥哥，他还要决定玩什么。于是，他提议让他的战队人偶同妹妹的独角兽玩偶和小马宝莉打一仗！

两个小孩将玩偶摆开阵势，但妹妹因一时激动摔下了床。肖恩听见"咚"的一声，俯身看见艾米趴在地上。他慌了神，不只是因为担心妹妹受伤，还因为他看出妹妹很快就要号啕大哭了，会吵醒父母。他在书中回忆道：

> 危机是发明之母。于是，我做了一件7岁的小脑袋在慌乱之中唯一能想到的事情。我说："艾米，等一下！你看见自己是如何着陆的吗？没有人能趴着着陆，你就是独角兽！"[18]

他知道，妹妹最想当的，就是独角兽。她没有哭喊，反而为自己获得"独角兽"的新身份兴奋不已！她的脸上露出了笑容，爬上床继续玩耍。

在我看来，这是一个很棒的故事，它说明我们在人生的危急时刻应该如何选择。我们可以选择消极对待，也可以选择积极应对，我们的选择会改变我们的未来。我们不会随时都有一个哥哥告诉我们是"独角兽"，但是我们现在学到了如何应对失败，如何培养积极的观念，如何运用多维度和创造性思维解决问题。最重要的是，我们已经明白，我们的应对方式会塑造我们的未来。转变思维观念，不但会改变我们对现实的认知，还会改变我们的现实。

作为一个经验丰富的教育者，我见到过学生（儿童和成年人）因为自我设限而选择退缩。幸运的是，我在工作中也见到过儿童和成年人相信自己可以学会任何东西并能突破限制，我见证了他们的积极思维如何影响身边的一切。他们从"双层床"上摔下来（我们每个人有时候都会摔下来），没有哭喊，而是认定自己就是"独角兽"！

因此，我给你的最后建议，是接纳吃苦和失败，勇于冒险，不让别人阻挡你前进的道路。如果有"路障"挡在路上，那就想办法绕过去，另寻别的道路。工作中，如果你总是采用别人的惯常做法，就应该另辟新路。如果工作不允许你突破限制，也许你应该换个工作。不要接受设限的人生，不要纠结于过去的错误，要向前看，主动抓住机会学习和成长。要把他人视为合作者，共同学习、共同成长。不要隐藏自己的无知，要接纳不同的思维方式、看待问题的方式和工作方式。多维度解决问题，是最好的方法。任何问题，都有多种看待方式和解决方法。要接纳和珍视人生的多样性,学习数学、艺术、历史、管理、体育等都应该如此。

尝试过一天"突围"的生活,你会发现生活焕然一新。帮助他人解锁,你就会改变他们的人生,他们又会改变其他人的人生。人生最重要的,莫过于知道自己可以"伸手摘星"。我们有时会失败,但没有关系,继续上路前行(尤其是带着突围观念踏上征程),就是成功。

致　谢

　　我要诚挚地感谢本书的所有访谈对象——教师、管理者、家长、作家和其他人。感谢他们敞开心扉，同我分享自己的故事。接受访谈时，他们情绪激动地告诉我，接触到本书这些观念前，他们的生活是什么样子。很多访谈对象都说，他们努力做到完美，害怕自己无知。他们曾被告知不是学数学的料儿，不会成为某种人，于是就泄气，不再学习数学。他们还谈到了自己的改变历程。现在，他们正用同样的方法激励他人改变。受篇幅所限，本书只能提及部分访谈对象（但对所有的访谈对象，我都深怀感激）：

　　　　切丽·阿加比多　　　凯特·库克
　　　　卡雷布·奥斯丁　　　斯蒂芬妮·迪尔
　　　　特雷泽·巴哈姆　　　罗宾·迪比耶尔

萨拉·布恩　　　　　玛格丽特·费伯
安吉拉·布伦南　　　基尔斯蒂·菲茨杰拉德
詹妮弗·布里奇　　　谢丽·弗里茨
吉姆·布朗　　　　　玛丽芙·加涅
赫瑟·巴斯克　　　　玛尔塔·加西亚
乔迪·卡尔帕内利　　卡伦·高塞尔
马克·卡萨尔　　　　艾利森·贾科米尼
伊芙琳·陈　　　　　蕾妮·格兰姆斯
霍莉·康普顿　　　　玛格雷特·霍尔
朱迪丝·哈里斯　　　珍妮·莫里尔
苏珊妮·哈里斯　　　皮特·诺贝尔
莉娅·哈沃斯　　　　马克·皮特里
梅格·海耶斯　　　　莫丽尔·波拉克
凯瑟琳·海德　　　　贝丝·鲍威尔
苏珊·杰姬米亚克　　贾斯汀·珀维斯
劳伦·约翰逊　　　　南希·克沙尔
特蕾莎·兰伯特　　　苏尼尔·雷迪
琳达·拉佩里　　　　伊芙特·里斯
赞迪·劳伦斯　　　　凯特·里奇
露西亚·麦肯齐　　　丹尼尔·罗查
吉恩·麦多克斯　　　塔米·桑德斯

苏尼尔·雷迪·梅雷迪	詹妮弗·谢夫
切尔西·麦克莱伦	米歇尔·司各特
萨拉·麦基	艾丽卡·莎玛
沙娜·麦凯	尼娜·萨德尼克
阿黛尔·麦丘	安吉拉·汤普森
杰西·梅尔加雷斯	卡丽·托姆茨
盖尔·梅特卡夫	劳拉·瓦根曼
克里斯特尔·莫雷	本·伍德福德

我写的每一本书，我都对家人永远心怀感激，感谢他们不得不忍受我不在身边的时光。我有两个可爱的女儿，阿丽亚娜和杰美，她们点亮了我生活的每一天。

我还要感谢我的好友、youcubed 联合创始人凯茜·威廉姆斯，她随时都是我的思想伙伴，有时候，她会为我描绘蓝图，经常要忍受我最疯狂的想法，并支持这些想法。革命万岁，凯茜！

充满活力的 youcubed 团队也发挥了重要作用。没有他们，本书是不可能问世的。他们帮助我完成访谈，并对我的各项工作不断地给予支持。他们是：蒙瑟雷特·科德罗、苏珊妮·科金斯、克里斯蒂娜·唐斯、杰克·迪克曼、杰西卡·梅瑟德和埃斯特尔·伍德伯里。我的两名博士生塔里娅·拉玛尔和罗宾·安德森也给了我宝贵的支持和帮助。

除了访谈对象，还有很多教师每天都给予我鼓舞和激励。可能还有教师给学生灌输固化观念，但大多数教师都相信自己的学生，任劳任怨地为学生精心备课、主动超时工作。如果我们给予教师更大的自主权，让他们决定学生应该学什么、怎样学，那现在的教育局面可能会好得多。近几年来，我有幸同一些教师交流并从中学习，在此，我要向他们致以诚挚的谢意。

改变教学观念和方法的网站资源

1. 学生自我激励的四大信息：

https://www.youcubed.org/resources/four-boosting-messages-jo-students/

2. 提升学生数学思维和解题方法的免费在线课程（英语和西班牙语）：

https://www.youcubed.org/online-student-course/

3. 提升学生思维的系列视频：

https://www.youcubed.org/resource/mindset-boosting-videos/

4. 反思天赋的影片：

https://www.youcubed.org/rethinking-giftedness-film/

5. 数学知识体验：

https://www.youcubed.org/resources/different-experiences-with-math-facts/

6. 数学题创新图解法：

https://www.youcubed.org/tasks/

7. 免费下载招贴画：

https://www.youcubed.org/resource/posters/

8. 供教师和家长学习的两门数学在线课程：

https://www.youcubed.org/online-teacher-courses/

9. K-8 系列教材：

https://www.youcubed.org/resource/k-8-curriculum/

10. 报道本书理念的新闻文章：

https://www.youcubed.org/resource/in-the-news/

附录一

数学题计算法与图解法举例

下面是运用图解法的两道数学题。这类数学题很可能让学生感到焦虑,从而讨厌数学。我写过大量的文章,分析这种应用题的危害,学生往往一知半解,忽略真正的问题。不过,请看看这两道题的不同解法,就会明白图解法的巨大益处。

例一:这道数学题选自杰出的数学教育家鲁斯·帕克的原题:

某人想购买 $1/4$ 磅火鸡肉。他走进肉店,店主给了他3片火鸡肉,总重 $1/3$ 磅。请问:他需要多少片火鸡肉?

计算法:	图解法:
3片 = $1/3$ 磅	○○○ = $1/3$ 磅
x片 = $1/4$ 磅	○○○ ○○○ = $1/3$ 磅 ○○○
$1/3 x = 3/4$	
$x = 9/4$	○●○ ●●● = $1/4$ 磅(或 $2 1/4$ 片) ○●○

例二：本题是数学教材中的常见应用题，不切实际，也让人头疼：

乔与特莎拥有的卡片数量比为 2 : 3。特莎与霍莉拥有的卡片数量比为 2 : 1。如果特莎拥有的卡片比乔多 4 张，请问：霍莉有多少张卡片？请给出答案，并简要说明理由。

计算法：

乔 : 特莎 = 2 : 3

特莎 : 霍莉 = 2 : 1

将乔和特莎的卡片数分为 5 份，比值为 2 : 3。

特莎的卡片数比乔多 $1/5$。

特莎比乔多 4 张卡片。

$1/5 = 4$

$1 = 20$

∴ 两个人共有 20 张卡片。
乔的卡片数为：$2/5 \times 20 = 8$
特莎的卡片数为 $3/5 \times 20 = 12$。

特莎 : 霍莉 = 2 : 1

∴ 霍莉的卡片数为 6 张。

图解法：

乔 : 特莎 = 2 : 3　特莎 : 霍莉 = 2 : 1

乔　　　　特莎

□□ : □□□

（此为比值，尚不知数值。）

特莎　　　霍莉

□□□ : □□

特莎的卡片数比乔多 4 张，即：

乔　　　　特莎

□□ : □□|4|

∴ 每个方框 = 4
霍莉的卡片数为：

|4||2| = 6

附录二

评价量规样本

这是马克·卡萨尔的学校采用的评价量规。在这份评价量规中，教师在"评价标准"一栏评价学生是否达到学习要求，同时为学生需要提升的方面给出反馈意见。因此，评价量规起着师生对话的作用，帮助学生理解学习的内容。

牙签问题（数法）学习情况评价

评价标准	1	2	3	4	反馈意见
数法的创建、识别与拓展		√			"如何数出牙签的数量？"
数法的数值列表制作	√				数值表（T形图）可以帮助你确定数法规则。
通过口头、写作和图片表达数学思维			√		和学生交谈："给我讲讲吧。"

1 = 未达要求　　2 = 基本达到要求
3 = 达到要求　　4 = 超出预期
* 我和这位学生谈了话，她的变化注明于 #2b。

22
6
"我把这些加起来，就得到了总数。"

注 释

序 言

1 Sue Johnston-Wilder, Janine Brindley, and Philip Dent, *A Survey of Mathematics Anxiety and Mathematical Resilience Among Existing Apprentices* (London: Gatsby Charitable Foundation, 2014).

2 Sara Draznin, "Math Anxiety in Fundamentals of Algebra Students," The Eagle Feather, Honors College, Univ. of North Texas, January 1, 1970, http:// eaglefeather.honors.unt.edu/2008/article/179#.W-idJS2ZNMM; N. Betz, "Prevalence, Distribution, and Correlates of Math Anxiety in College Students," *Journal of Counseling Psychology* 25/5 (1978): 441-448.

3 C. B. Young, S. S. Wu, and V. Menon, "The Neurodevelopmental Basis of Math Anxiety," *Psychological Science* 23/5 (2012): 492-501.

4 Daniel Coyle, The Talent Code: *Greatness Isn't Born. It's Grown. Here's How.* (New York: Bantam, 2009).

5 Michael Merzenich, *Soft-Wired: How the New Science of Brain Plasticity Can Change Your Life* (San Francisco: Parnassus, 2013).

6 Merzenich, *Soft-Wired.*

7 Anders Ericsson and Robert Pool, *Peak: Secrets from the New Science of Expertise* (New York: Houghton Mifflin Harcourt, 2016).

8　Ericsson and Pool, *Peak,* 21.
9　Carol S. Dweck, Mindset: *The New Psycholog y of Success* (New York: Ballantine, 2006).
10　Carol S. Dweck, "Is Math a Gift? Beliefs That Put Females at Risk," in Stephen J. Ceci and Wendy M. Williams, eds., *Why Aren't More Women in Science? Top Researchers Debate the Evidence* (Washington, DC: American Psychological Association, 2006).
11　D. S. Yeager et al., "Breaking the Cycle of Mistrust: Wise Interventions to Provide Critical Feedback Across the Racial Divide," *Journal of Experimental Psychology: General* 143/2 (2014): 804.

01　神经可塑性引发的变革

1　Michael Merzenich, *Soft-Wired: How the New Science of Brain Plasticity Can Change Your Life* (San Francisco: Parnassus, 2013), 2.
2　Norman Doidge, *The Brain That Changes Itself* (New York: Penguin, 2007).
3　Doidge, *The Brain That Changes Itself,* 55.
4　E. Maguire, K. Woollett, and H. Spiers, "London Taxi Drivers and Bus Drivers: A Structural MRI and Neuropsychological Analysis," *Hippocampus* 16/12 (2006): 1091-1101.
5　K. Woollett and E. A. Maguire, "Acquiring 'The Knowledge' of London's Layout Drives Structural Brain Changes," *Current Biolog y* 21/24 (2011): 2109-2114.
6　Elise McPherson et al., "Rasmussen's Syndrome and Hemispherectomy: Girl Living with Half Her Brain," *Neuroscience Fundamentals,* http://www.whatsonxiamen.com/news11183.html.
7　Doidge, *The Brain That Changes Itself,* xix.
8　Doidge, *The Brain That Changes Itself,* xx.
9　A. Dixon, editorial, *FORUM* 44/1 (2002): 1.
10　Sarah D. Sparks, "Are Classroom Reading Groups the Best Way to Teach

Reading? Maybe Not," *Education Week*, August 26, 2018, http://www.edweek.org/ew/articles/2018/08/29/are-classroom-reading-groups-the-best-way.html.
11 Sparks, "Are Classroom Reading Groups the Best Way to Teach Reading? Maybe Not."
12 Jo Boaler, *Mathematical Mindsets: Unleashing Students' Potential Through Creative Math, Inspiring Messages and Innovative Teaching* (San Francisco: Jossey-Bass, 2016).
13 Jo Boaler et al., "How One City Got Math Right," *The Hechinger Report*, October 2018, https://hechingerreport.org/opinion-how-one-city-got-math-right/.
14 Lois Letchford, *Reversed: A Memoir* (Irvine, CA: Acorn, 2018).
15 Doidge, *The Brain That Changes Itself*, 34.
16 K. Lewis and D. Lynn, "Against the Odds: Insights from a Statistician with Dyscalculia," *Education Sciences* 8/2 (2018): 63.
17 T. Iuculano et al., "Cognitive Tutoring Induces Widespread Neuroplasticity and Remediates Brain Function in Children with Mathematical Learning Disabilities," *Nature Communications* 6 (2015): 8453, https://doi.org/10.1038/ncomms9453.
18 Sarah-Jane Leslie, et al., "Expectations of Brilliance Underlie Gender Distributions Across Academic Disciplines," *Science* 347/6219 (2015): 262-265.
19 Seth Stephens-Davidowitz, "Google, Tell Me: Is My Son a Genius?" *New York Times*, January 18, 2014, https://www.nytimes.com/2014/01/19/opinion/sunday/google-tell-me-is-my-son-a-genius.html.
20 D. Storage et al., "The Frequency of 'Brilliant' and 'Genius' in Teaching Evaluations Predicts the Representation of Women and African Americans Across Fields," *PLoS ONE* 11/3 (2016): e0150194, https://doi.org/10.1371/journal.pone.0150194.

21 Piper Harron, "Welcome to Office Hours," *The Liberated Mathematician*, 2015, http://www.theliberatedmathematician.com.
22 Eugenia Sapir, "Maryam Mirzakhani as Thesis Advisor," *Notices of the AMS* 65/10 (November 2018): 1229-1230.
23 写作本书时，该影片（可登录 http://www.youcubed.org/rethinking-giftedness-film 观看）点击观看量已达 62,000 次。
24 Daniel Coyle, *The Talent Code: Greatness Isn't Born. It's Grown. Here's How.* (New York: Bantam, 2009), 178.
25 Anders Ericsson and Robert Pool, *Peak: Secrets from the New Science of Expertise* (New York: Houghton Mifflin Harcourt, 2016).

02　犯错、吃苦和失败的价值

1 J. S. Moser et al., "Mind Your Errors: Evidence for a Neural Mechanism Linking Growth Mind-set to Adaptive Posterror Adjustments," *Psychological Science* 22/12 (2011): 1484-1489.
2 Daniel Coyle, *The Talent Code: Greatness Isn't Born. It's Grown. Here's How.* (New York: Bantam, 2009).
3 J. A. Mangels, et al., "Why Do Beliefs About Intelligence Influence Learning Success? A Social Cognitive Neuroscience Model," *Social Cognitive and Affective Neuroscience* 1/2 (2006): 75-86, http://academic.oup.com/scan/article/1/2/75/2362769.
4 Moser et al., "Mind Your Errors."
5 Coyle, *The Talent Code*, 2-3.
6 Coyle, *The Talent Code*, 3-4.
7 Coyle, *The Talent Code*, 5.
8 Moser et al., "Mind Your Errors."
9 Anders Ericsson and Robert Pool, *Peak: Secrets from the New Science of Expertise* (New York: Houghton Mifflin Harcourt, 2016), 75.
10 James W. Stigler and James Hiebert, *The Teaching Gap: Best Ideas from the*

World's Teachers for Improving Education in the Classroom (New York: Free Press, 1999).

11　Elizabeth Ligon Bjork and Robert Bjork, "Making Things Hard on Yourself, but in a Good Way: Creating Desirable Difficulties to Enhance Learning," in Morton Ann Gernsbacher and James R. Pomeratz, eds., *Psycholog y and the Real World* (New York: Worth, 2009), 55-64, https://bjorklab.psych.ucla.edu/wp-content/uploads/sites/13/2016/04/EBjork_RBjork_2011.pdf.

12　J. Boaler, K. Dance, and E. Woodbury, "From Performance to Learning: Assessing to Encourage Growth Mindsets," *youcubed*, 2018, tinyurl.com/A4Lyoucubed.

13　Coyle, *The Talent Code*, 5.

03　改变观念，改变现实

1　O. H. Zahrt and A. J. Crum, "Perceived Physical Activity and Mortality: Evidence from Three Nationally Representative U.S. Samples," *Health Psychology* 36/11 (2017): 1017-1025, http://dx.doi.org/10.1037/hea0000531.

2　B. R. Levy et al., "Longevity Increased by Positive Self-Perceptions of Aging," *Journal of Personality and Social Psychology* 83/2 (2002): 261-270, https://doi.org/10.1037/0022-3514.83.2.261.

3　B. R. Levy et al., "Age Stereotypes Held Earlier in Life Predict Cardiovascular Events in Later Life," *Psychological Science* 20/3 (2009): 296-298, https://doi.org/10.1111/j.1467-9280.2009.02298.x.

4　Levy et al., "Age Stereotypes Held Earlier in Life."

5　A. J. Crum and E. J. Langer, "Mind-Set Matters: Exercise and the Placebo Effect," *Psychological Science* 18/2 (2007): 165-171, https://doi.org/10.1111/j.1467-9280.2007.01867.x.

6　V. K. Ranganathan et al., "From Mental Power to Muscle Power—Gaining Strength by Using the Mind," *Neuropsychologia* 42/7 (2004): 944-956.

7　N. F. Bernardi et al., "Mental Practice Promotes Motor Anticipation:

Evidence from Skilled Music Performance," *Frontiers in Human Neuroscience* 7 (2013): 451, https://doi.org/10.3389/fnhum.2013.00451.

8   K. M. Davidson-Kelly, "Mental Imagery Rehearsal Strategies for Expert Pianists," *Edinburgh Research Archive*, November 26, 2014, https://www.era.lib.ed.ac.uk/handle/1842/14215.

9   D. S. Yeager, K. H. Trzesniewski, and C. S. Dweck, "An Implicit Theories of Personality Intervention Reduces Adolescent Aggression in Response to Victimization and Exclusion," *Child Development* 84/3 (2013): 970-988.

10 P. B. Carr, C. S. Dweck, and K. Pauker, "'Prejudiced' Behavior Without Prejudice? Beliefs About the Malleability of Prejudice Affect Interracial Interactions," *Journal of Personality and Social Psychology* 103/3 (2012): 452.

11 L. S. Blackwell, K. H. Trzesniewski, and C. S. Dweck, "Implicit Theories of Intelligence Predict Achievement Across an Adolescent Transition: A Longitudinal Study and an Intervention," *Child Development* 78/1 (2007): 246-263.

12 J. S. Moser et al., "Mind Your Errors: Evidence for a Neural Mechanism Linking Growth Mind-set to Adaptive Posterror Adjustments," *Psychological Science* 22/12 (2011): 1484-1489.

13 E. A. Gunderson et al., "Parent Praise to 1- to 3-Year-Olds Predicts Children's Motivational Frameworks 5 Years Later," *Child Development* 84/5(2013): 1526-1541.

14 Carol S. Dweck, "The Secret to Raising Smart Kids," *Scientific American Mind* 18/6 (2007): 36-43, https://doi.org/10.1038/scientificamericanmind 1207-1236.

15 Carol S. Dweck, "Is Math a Gift? Beliefs That Put Females at Risk," in Stephen J. Ceci and Wendy M. Williams, eds., *Why Aren't More Women in Science? Top Researchers Debate the Evidence* (Washington, DC: American Psychological Association, 2006).

16 Blackwell, Trzesniewski, and Dweck, "Implicit Theories of Intelligence

Predict Achievement."
17　Angela Duckworth, *Grit: The Power of Passion and Perseverance* (New York: Scribner, 2016).
18　J. Boaler, K. Dance, and E. Woodbury, "From Performance to Learning: Assessing to Encourage Growth Mindsets," *youcubed*, 2018, tinyurl.com/A4Lyoucubed.
19　H. Y. Lee et al., "An Entity Theory of Intelligence Predicts Higher Cortisol Levels When High School Grades Are Declining," *Child Development*, July 10, 2018, https://doi.org/10.1111/cdev.13116.
20　Anders Ericsson and Robert Pool, *Peak: Secrets from the New Science of Expertise* (New York: Houghton Mifflin Harcourt, 2016).
21　Carol S. Dweck, *Mindset: The New Psycholog y of Success* (New York: Ballantine, 2006), 257.
22　Christine Gross-Loh, "How Praise Became a Consolation Prize," *The Atlantic*, December 16, 2016.

04　大脑的连通

1　Alfie Kohn, "The 'Mindset' Mindset," *Alfie Kohn*, June 8, 2018, http://www.alfiekohn.org/article/mindset/.
2　V. Menon, "Salience Network," in Arthur W. Toga, ed., *Brain Mapping: An Encyclopedic Reference*, vol. 2 (London: Academic, 2015), 597-611.
3　J. Park and E. M. Brannon, "Training the Approximate Number System Improves Math Proficiency," *Psychological Science* 24/10 (2013): 2013-2019, https://doi.org/10.1177/0956797613482944.
4　I. Berteletti and J. R. Booth, "Perceiving Fingers in Single-Digit Arithmetic Problems," *Frontiers in Psychology* 6 (2015): 226, https://doi.org/10.3389/fpsyg.2015.00226.
5　M. Penner-Wilger and M. L. Anderson, "The Relation Between Finger Gnosis and Mathematical Ability: Why Redeployment of Neural Circuits

Best Explains the Finding," *Frontiers in Psychology* 4 (2013): 877, https://doi.org/10.3389/fpsyg.2013.00877.

6   M. Penner-Wilger et al., "Subitizing, Finger Gnosis, and the Representation of Number," *Proceedings of the 31st Annual Cognitive Science Society* 31 (2009): 520-525.

7   S. Beilock, *How the Body Knows Its Mind: The Surprising Power of the Physical Environment to Influence How You Think and Feel* (New York: Simon and Schuster, 2015).

8   Anders Ericsson and Robert Pool, *Peak: Secrets from the New Science of Expertise* (New York: Houghton Mifflin Harcourt, 2016).

9   A. Sakakibara, "A Longitudinal Study of the Process of Acquiring Absolute Pitch: A Practical Report of Training with the 'Chord Identification Method,'" *Psycholog y of Music* 42/1 (2014): 86-111, https://doi.org/10.1177/0305735612463948.

10 Thomas G. West, *Thinking Like Einstein: Returning to Our Visual Roots with the Emerging Revolution in Computer Information Visualization* (New York: Prometheus Books, 2004).

11 Claudia Kalb, "What Makes a Genius?" *National Geographic*, May 2017.

12 Kalb, "What Makes a Genius?"

13 M. A. Ferguson, J. S. Anderson, and R. N. Spreng, "Fluid and Flexible Minds: Intelligence Reflects Synchrony in the Brain's Intrinsic Network Architecture," *Network Neuroscience* 1/2 (2017): 192-207.

14 M. Galloway, J. Conner, and D. Pope, "Nonacademic Effects of Homework in Privileged, High-Performing High Schools," *Journal of Experimental Education* 81/4 (2013): 490-510.

15 M. E. Libertus, L. Feigenson, and J. Halberda, "Preschool Acuity of the Approximate Number System Correlates with School Math Ability," *Developmental Science* 14/6 (2011): 1292-1300.

16 R. Anderson, J. Boaler, and J. Dieckmann, "Achieving Elusive Teacher

Change Through Challenging Myths About Learning: A Blended Approach," *Education Sciences* 8/3 (2018): 98.
17 Anderson, Boaler, and Dieckmann, "Achieving Elusive Teacher Change."
18 J. Boaler, K. Dance, and E. Woodbury, "From Performance to Learning: Assessing to Encourage Growth Mindsets," *youcubed*, 2018, tinyurl.com/A4Lyoucubed.

05 速度没了，灵活性就有了！

1 Claudia Kalb, "What Makes a Genius?" *National Geographic*, May 2017.
2 Sian Beilock, *Choke: What the Secrets of the Brain Reveal About Getting It Right When You Have To* (New York: Simon and Schuster, 2010).
3 高效的数学概念性教学法（学生不会对数学产生焦虑或恐惧感），请参见论文：Jo Boaler, Cathy Williams, and Amanda Confer, "Fluency Without Fear: Research Evidence on the Best Ways to Learn Math Facts," *youcubed*, January 28, 2015, https://www.youcubed.org/evidence/fluency-without-fear.
4 E. A. Maloney et al., "Intergenerational Effects of Parents' Math Anxiety on Children's Math Achievement and Anxiety," *Psychological Science* 26/9 (2015): 1480—88, https://doi.org/10.1177/0956797615592630.
5 S. L. Beilock et al., "Female Teachers' Math Anxiety Affects Girls' Math Achievement," *Proceedings of the National Academy of Sciences* 107/5 (2010): 1860-1863.
6 Laurent Schwartz, *A Mathematician Grappling with His Century* (Basel: Birkhauser, 2001).
7 Kenza Bryan, "Trailblazing Maths Genius Who Was First Woman to Win Fields Medal Dies Aged 40," *Independent*, July 15, 2017, https://www.independent.co.uk/news/world/maryam-mirzakhani-fields-medal-mathematics-dies-forty-iran-rouhani-a7842971.html.
8 Schwartz, *A Mathematician Grappling with His Century*, 30-31.
9 Norman Doidge, *The Brain That Changes Itself* (New York: Penguin,

2007), 199.
10 Doidge, *The Brain That Changes Itself*, 199.
11 K. Supekar et al., "Neural Predictors of Individual Differences in Response to Math Tutoring in Primary-Grade School Children," *PNAS* 110/20 (2013): 8230-8235.
12 E. M. Gray and D. O. Tall, "Duality, Ambiguity, and Flexibility: A 'Proceptual' View of Simple Arithmetic," *Journal for Research in Mathematics Education* 25/2 (1994): 116-140.
13 W. P. Thurston, "Mathematical Education," *Notices of the American Mathematical Society* 37 (1990): 844-850.
14 Gray and Tall, "Duality, Ambiguity, and Flexibility."
15 Jo Boaler and Pablo Zoida, "Why Math Education in the U.S. Doesn't Add Up," *Scientific American*, November 1, 2016, https://www.scientificamerican.com/article/why-math-education-in-the-u-s-doesn-t-add-up.
16 Adam Grant, *Originals: How Non-Conformists Move the World* (New York: Penguin, 2016).
17 Grant, *Originals*, 9-10.

06 合作突围

1 U. Treisman, "Studying Students Studying Calculus: A Look at the Lives of Minority Mathematics Students in College," *College Mathematics Journal* 23/5 (1992): 362-372 (368).
2 Treisman, "Studying Students Studying Calculus," 368.
3 Organisation for Economic Co-operation and Development, *The ABC of Gender Equality in Education: Aptitude, Behaviour, Confidence* (Paris: PISA, OECD Publishing, 2015), https://www.oecd.org/pisa/keyfindings/pisa-2012-results-gender-eng.pdf.
4 OECD, *The ABC of Gender Equality in Education*.
5 M. I. Nunez-Pena, M. Suárez-Pellicioni, and R. Bono, "Gender Differences

in Test Anxiety and Their Impact on Higher Education Students' Academic Achievement," *Procedia - Social and Behavioral Sciences* 228 (2016): 154-160.

6   Organisation for Economic Co-operation and Development, *PISA 2015 Results (Volume V): Collaborative Problem Solving* (Paris: PISA, OECD Publishing, 2017), https://doi.org/10.1787/9789264285521-en.

7   J. Decety et al., "The Neural Bases of Cooperation and Competition: An fMRI Investigation," *Neuroimage* 23/2 (2004): 744-751.

8   V. Goertzel et al., *Cradles of Eminence: Childhoods of More than 700 Famous Men and Women* (Gifted Psychology Press: 2004), 133-155.

9   Meg Jay, "The Secrets of Resilience," *Wall Street Journal*, November 10, 2017, https://www.wsj.com/articles/the-secrets-of-resilience-1510329202.

10 Jo Boaler, "Open and Closed Mathematics: Student Experiences and Understandings," *Journal for Research in Mathematics Education* 29/1 (1998): 41-62.

11 Jo Boaler, *Experiencing School Mathematics: Traditional and Reform Approaches to Teaching and Their Impact on Student Learning* (New York: Routledge, 2002).

12 J. Boaler and S. Selling, "Psychological Imprisonment or Intellectual Freedom? A Longitudinal Study of Contrasting School Mathematics Approaches and Their Impact on Adults' Lives," *Journal of Research in Mathematics Education* 48/1 (2017): 78-105.

13 J. Boaler and M. Staples, "Creating Mathematical Futures Through an Equitable Teaching Approach: The Case of Railside School," *Teachers' College Record* 110/3 (2008): 608-645.

14 Jo Boaler, "When Academic Disagreement Becomes Harassment and Persecution," October 2012, http://web.stanford.edu/~joboaler.

15 Shane Feldman, "Pain to Purpose: How Freshman Year Changed My Life,"

https://www.youtube.com/watch?v=BpMq7Q54cwI.
16 Jo Boaler, "Promoting 'Relational Equity' and High Mathematics Achievement Through an Innovative Mixed Ability Approach," *British Educational Research Journal* 34/2 (2008): 167-194.
17 John J. Cogan and Ray Derricott, *Citizenship for the 21st Century: An International Perspective on Education* (London: Kogan Page, 1988), 29; Gita Steiner-Khamsi, Judith Torney-Purta, and John Schwille, eds., *New Paradigms and Recurring Paradoxes in Education for Citizenship: An International Comparison* (Bingley, UK: Emerald Group, 2002).
18 Boaler and Staples, "Creating Mathematical Futures."
19 Jenny Morrill and Paula Youmell, *Weaving Healing Wisdom* (New York: Lexingford, 2017).

结 语

1 Etienne Wenger, *Communities of Practice: Learning, Meaning, and Identity* (Cambridge: Cambridge Univ. Press, 1999).
2 Angela Duckworth, Grit: The Power of Passion and Perseverance (New York: Scribner, 2016).
3 Nicole M. Joseph, personal communication, 2019.
4 Henry Fraser, The Little Big Things (London: Seven Dials, 2018).
5 Fraser, The Little Big Things, 158-159.
6 R. A. Emmons and M. E. McCullough, "Counting Blessings Versus Burdens: An Experimental Investigation of Gratitude and Subjective Well-Being in Daily Life," Journal of Personality and Social Psychology 84/2 (2003): 377.
7 Shawn Achor, The Happiness Advantage: The Seven Principles of Positive Psychology That Fuel Success and Performance at Work (New York: Random House, 2011).
8 Anders Ericsson and Robert Pool, Peak: Secrets from the New Science of Expertise (New York: Houghton Mifflin Harcourt, 2016).

9   C. Hertzog and D. R. Touron, "Age Differences in Memory Retrieval Shift: Governed by Feeling-of-Knowing?" Psycholog y and Aging 26/3 (2011): 647-660.
10 D. R. Touron and C. Hertzog, "Age Differences in Strategic Behavior During a Computation-Based Skill Acquisition Task," Psycholog y and Aging 24/3 (2009): 574.
11 F. Sofi et al., "Physical Activity and Risk of Cognitive Decline: A Meta-Analysis of Prospective Studies," Journal of Internal Medicine 269/1 (2011): 107-117.
12 D. C. Park et al., "The Impact of Sustained Engagement on Cognitive Function in Older Adults: The Synapse Project," Psychological Science 25/1 (2013): 103-112.
13 Martin Samuels, "In Defense of Mistakes," The Health Care Blog, October 7, 2015, http://thehealthcareblog.com/blog/2015/10/07/in-defense-of-mistakes/.
14 Erica Klarreich, "How to Cut Cake Fairly and Finally Eat It Too," Quanta Magazine, October 6, 2016, https://www.quantamagazine.org/new-algorithm-solves-cake-cutting-problem-20161006/#.
15 Adam Grant, Originals: How Non-Conformists Move the World (New York: Penguin, 2016).
16 J. Boaler, K. Dance, and E. Woodbury, "From Performance to Learning: Assessing to Encourage Growth Mindsets," youcubed, 2018, https://bhi61nm2cr3mkdgk1dtaov18-wpengine.netdna-ssl.com/wp-content/uploads/2018/04/Assessent-paper-final-4.23.18.pdf.
17 Achor, The Happiness Advantage, 62-63.
18 Achor, The Happiness Advantage, 62-63.